**Von
Udo Proksch
bis Josef F.**

*Für die Opfer dieser Verbrechen, allen voran Luca.
Ausgelöscht im Alter von 17 Monaten.*

Doris Piringer

Von Udo Proksch bis Josef F.

Prozesse, die Österreich bewegten

Molden

Bildnachweis:
Helmut Fohringer / APA / picturedesk.com S. 170, 176/177; GARO / Phanie / picturedesk.com S. 26; Barbara Gindl / APA / picturedesk.com S. 98, 104/105; Robert Jäger/picturedesk.com S. 34/35; Markus Leodolter / picturedesk.com S. 112, 116/117; Dieter Nagl / picturedesk.com S. 60, 68/69; Robert Newald / picturedesk.com S. 130/131; Robert Parigger / APA / picturedesk.com S. 152; Herbert Pfarrhofer / APA / picturedesk.com S. 78, 86/87, 162/163; picturedesk.com S. 8, 18/19; Reuters S. 138, 144/145; Georges Schneider / APA-Archiv / picturedesk.com S. 43, 50/51; ullstein bild / picturedesk.com S. 124

ISBN 978-3-85485-245-2

© 2009 by Molden Verlag
in der Verlagsgruppe Styria GmbH & Co KG
Wien · Graz · Klagenfurt

Buchgestaltung: Bruno Wegscheider
Umschlagfotos: Ulrich Schnarr/APA-Archiv / picturedesk.com (U. Proksch); CONTRAST PHOTO GMBH / picturedesk.com (E. Blauensteiner); Hans Klaus Techt/APA/picturedesk.com (F. Fuchs); Helmut Fohringer/APA / picturedesk.com (Josef F.)

Lektorat und Herstellung: Marion Mauthe
Reproduktion: Pixelstorm, Wien
Druck: Druckerei Theiss, St. Stefan im Lavanttal

Alle Rechte vorbehalten. Alle Angaben in diesem Buch erfolgen trotz sorgfältiger Bearbeitung ohne Gewähr. Eine Haftung des Verlags oder der Autorin ist ausgeschlossen.

Inhalt

Ein Hofnarr, sein Netzwerk und sechs Morde:
Udo Proksch und der »Fall Lucona«   8

Tatort Krankenhaus:
Die »Mordschwestern« von Lainz   26

Die Ratte mit dem Bubengesicht:
Der Mädchenmörder Jack Unterweger   42

Das Phantom ging in die Falle:
Franz Fuchs und der Briefbombenterror   60

Ein Paradiesvogel auf Witwerfang:
Elfriede Blauensteiner, die »Schwarze Witwe«   78

Die Flucht in den sicheren Tod:
Der GAU der Kitzsteinhornbahn in Kaprun   98

Tiefgefroren und einbetoniert:
Gertraud Arzberger tötete ihre vier Neugeborenen   112

Die »Saliera« und ihr Meisterdieb:
Das Kunsthistorische Museum und Robert Mang   124

Giftattacke mit Strychnin:
Helmut Osberger, der Pralinenattentäter   138

Der »Fall Luca«:
Fritz Dorazil, der perverse Kinderliebhaber   152

Zum Vergewaltigen geboren:
Josef F., das »Monster« von Amstetten   170

Vorwort

Es wäre zu schön, wenn all die Mörder und Totschläger, Kinderschänder und Vergewaltiger, Betrüger und Räuber ganz woanders mordeten, schändeten, betrogen und raubten – nur nicht dort, wo wir gerade sind. Wir verdrängen das Verbrechen gern an den Rand der Gesellschaft. Aber die spektakulärsten Täter der jüngeren österreichischen Kriminalgeschichte waren keine Randerscheinungen, sie waren nur selten Außenseiter und sie waren vor allem eines: mitten unter uns. Nebenan, gegenüber, vielleicht der freundliche Herr vom zweiten Stock. Sie wirken völlig harmlos, manchmal sogar witzig und unterhaltsam – aber niemals so, wie sie vielleicht später von einem Gerichtspsychiater beschrieben werden. Eine solche Erkenntnis irritiert. Ein solches Spiegelbild unserer Gesellschaft ist unerwünscht.

Und noch etwas: Österreich ist überaus reich an genialen, grausamen Tätern. Zum Beispiel Udo Proksch, Jack Unterweger, Franz Fuchs, Elfriede Blauensteiner, die Lainzer Hilfspflegerinnen, der Mordanschlag mit einer vergifteten Praline, tiefgekühlte Babys oder der Diebstahl der »Saliera« – wo findet man sonst in nur wenigen Jahren in einem derart kleinen Land eine solche Fülle an außergewöhnlichen Verbrechen? Aber das zu ergründen ist wieder eine andere Geschichte.

Doris Piringer

Ein Hofnarr, sein Netzwerk und sechs Morde

Udo Proksch,
eine schillernde Figur
auf dem Wiener Parkett

Es ist windstill an diesem 23. Jänner 1977, keine Wolke am Himmel, der Indische Ozean ist völlig ruhig, ein phantastisch schöner Tag neigt sich seinem Ende. Sanft gleitet der Frachter *MS Lucona* nahe der Malediven dahin, mit an Bord eine Fracht von 700 Tonnen, deklariert als »Maschinen für die Verarbeitung von nicht eisenhaltigen Materialien«. Die Frau des Kapitäns sitzt an Deck und näht ein Babykleid. Einer der Matrosen sollte in wenigen Wochen Vater werden. Auf einmal ein wuchtiger Stoß nach hinten, ein Schlag nach vorn, ein mächtiger, dumpfer Knall im Bauch des Schiffs. Gelblich weißer Rauch steigt auf, der 75 Meter lange Frachter bäumt sich noch einmal auf, kippt vor und verschwindet im Indischen Ozean. Nach knapp zwei Minuten ist nichts mehr zu sehen von der *Lucona,* sechs Seeleute werden mit in die Tiefe gerissen, sechs weitere können sich auf Schlauchboote retten. Völlig erschöpft und halbtot werden sie acht Stunden später von der Besatzung eines türkischen Öltankers entdeckt. Viele Jahre später sollte dieses Unglück zu einem heftigen innenpolitischen Beben in Wien und zu einem der spektakulärsten Strafprozesse der Zweiten Republik führen.
Im Mittelpunkt all dieser Ereignisse stand ein Mann, eine schillernde Persönlichkeit voll Widersprüche, ein bunter Bürgerschreck, ein genialer Meister der Selbstdarstellung oder – wie *Die Weltwoche* einmal so treffend geschrieben hat – »ein chaotisches Gemisch aus Salvador Dali und Orson Welles«: Udo Proksch, alias Serge Kirchhofer, *Herr Udo,* wie man ihn in Kaffeehauskreisen gern gerufen hat. Eine klein gewachsene, gedrungene Erscheinung mit stattlicher Leibesmitte und hellwachen Augen, vermutlich 1934 in Rostock als ältestes von vier Kindern geboren, so genau hat er das nie verraten. »Ich bin in einem schrecklichen Krieg mit schrecklichen

Erlebnissen aufgewachsen«, erzählte der Sohn überzeugter Nationalsozialisten, »dann habe ich in Salzburg vier Jahre, von 14 bis 18, als Züchter in der Landwirtschaft unter Schweinen verbracht. Damals habe ich erkannt, dass zwischen Mensch und Schwein praktisch kein Unterschied besteht«.

Panierte Freunde

Später wird Udo Proksch zum umtriebigen Geschäftemacher aller Art, er gründet Firmen und Vereine wie andere Hemden wechseln. So war er erfolgreicher Designer von exklusiven Luxusbrillen, er entwarf für die Gemeinde Wien das »Leichentuch erster Klasse«, er war Kunststudent und »Industrie-Ideologe« – was immer er darunter verstanden haben mag. Er entwickelte doppelseitig verschraubbare Zahnpastatuben, er kreierte ein Parfum mit dem Duft von schmutzigem Motoröl, er galt als exzessiver Waffennarr und sammelte offenbar planlos ausrangierte Kampfflugzeuge und verrostete Panzer. Legendär sein *Verein der senkrecht Begrabenen:* Es wäre wesentlich effizienter und Platz sparender, so Udo Proksch, Verstorbene in Plastikröhren senkrecht zu bestatten. »Das hätte auch den Vorteil, dass der Mensch wenigstens am Schluss seines geduckten Lebens unbeugsam aufrecht dasteht. Na, dann haben wir zum Test ein paar schöne Mädchen in die Röhren hineingesteckt, und die haben dann so aus dem Gras herausgeschaut«, pflegte *Herr Udo* aus seinem abenteuerlichen Leben zu berichten.

Eine andere Anekdote, die nicht der Löschtaste der Archive zum Opfer gefallen ist: Proksch kaufte einen Wasserturm und ließ sich darin Ballettunterricht erteilen.

Allerdings wird diesem Turm auch ein anderer Verwendungszweck zugeschrieben: Von dort aus soll Proksch Waffenlieferungen kontrolliert haben.

Und mit seinem grünen *Maserati* parkte er vor dem *Sacher,* stürmte im Kampfanzug in das Hotel und brüllte: »Die Revolution ist da!« – dann schoss er einen Kronleuchter von der Decke.

In New York lud er einmal gelangweilte Freunde zu einem »Schnitzelfest«. Es floss reichlich Champagner, es gab viel Mehl und acht Badezimmer. Die Gäste, nicht mehr ganz nüchtern, liefen nackt durch die Zimmer und brüllten »Atomangriff! Atomangriff!«. Kopfüber sprangen sie in die randvollen Badewannen und wälzten sich zum Schutz gegen radioaktive Strahlung in Mehl. »That's Wiener Schnitzel«, klopfte sich Proksch beim Anblick seiner panierten Freunde auf die Schenkel.

Frauen spielten im Leben des umtriebigen Geschäftsmanns schon immer eine große Rolle. Mit vier Frauen war er auch verheiratet, darunter mit Burgschauspielerin Erika Pluhar oder vorübergehend mit Daphne Wagner, einer Nachfahrin des Komponisten Richard Wagner. Eine andere Ehefrau schenkte ihm einen Sohn, er nannte ihn Drusus Ingomar. »So erspart er sich später ein Studium«, bemerkte der Vater, »wenn man die Vornamen abkürzt, heißt er Dr. Ing. Proksch«. Er selbst schätzte, »Vater von rund 50 Kindern« zu sein.

Im Nervenzentrum der Macht

Sein größter Coup: 1971 kaufte er dem ungarischen Aristokraten Baron Friedrich Berzevicy-Pallavicini über eine Schweizer Briefkastenfirma die Nobelkonditorei *Demel* am Wiener Kohlmarkt ab. Der geschichtsträchtige k.u.k.-Hoflieferant sollte sich in den kommenden Jahren zum Dreh- und Angelpunkt, ja zum Nervenzentrum politischer Macht entwickeln. Sein Name: *Club 45*. Nach dem Vorbild britischer Herrenclubs etablierte sich in den oberen Stockwerken des den *Demel* beherbergenden Gebäudes ein elitärer Männerbund. Zweck des Vereins, so hieß es im Statut, »ist überwiegend die Wahrnehmung der beruflichen und betrieblichen Interessen der Mitglieder«. Anders und profaner ausgedrückt: Die Clubmitglieder versprachen sich gegenseitig mehr Macht, politischen Einfluss, Erfolg und Geld. Geschäftsführer dieses Plausch- und Mauschelvereins war Heinz Damian, damals nicht nur einer der Anwälte der *Sozialistischen Partei Österreichs,* sondern auch von Udo Proksch.

Viel Prominenz gab sich die Türschnalle in die Hand. War die Aristokratie in diesem königlich-kaiserlichen Ambiente verblüht, so hielt nun der linke Hochadel, vom Bundeskanzler abwärts, hier Einzug. Der Journalist Hans Pretterebner zählt in seinem Bestseller *Der Fall Lucona* einige auf: Gleich drei Bundeskanzler waren darunter, Bruno Kreisky, Fred Sinowatz und Franz Vranitzky. Auch Heinz Fischer, Hannes Androsch, Leopold Gratz, Karl Blecha, Helmut Zilk, Karl Lütgendorf sowie Spitzen der Finanzwelt, beispielsweise der einstige Bawag-General Walter Flöttl oder der damalige ORF-Intendant Teddy Podgorski. Wer etwas werden wollte in der zweiten Hälfte der Siebziger, musste fast zwangsweise der *Roten Loge* angehören. Mitten drin in diesem brisanten Beziehungsgeflecht: *Herr Udo.* Wissen war schon immer Macht. »Der Club 45 ist mein Schutzwall gegen die Intrigen, die man gegen mich spinnt«, hat der Hausherr häufig betont – und niemand widersprach.

Das Netzwerk hält

Bald nach dem Untergang der *Lucona* klopfte Heinz Damian im Namen von Auftraggeber Udo Proksch bei der Bundesländer-Versicherung an, die vereinbarte Summe von 212 Millionen Schilling (15,4 Millionen Euro) wäre fällig, die wertvolle Uranmühle liege bekanntlich auf dem Grund des Indischen Ozeans. Doch der Wille zum Zahlen dieser hohen Summe war enden wollend, Skepsis über die Ursache des Schiffsuntergangs beherrschte die Verhandlungen. Statt zu überweisen, begann die Versicherung zu recherchieren, ein Privatdetektiv wurde engagiert. Mehr als sechs Jahre nach dem Untergang, im Sommer 1983, begann die Kripo mit ihren ersten Ermittlungen und noch viele Jahre sollte es dauern, bis tatsächlich ernsthafte Schritte gesetzt werden und der *Fall Lucona* sich auch offiziell zu einem hochbrisanten Kriminalfall entwickelt. Sonderbare Weisungen der Wiener Oberstaatsanwaltschaft mussten befolgt werden, der »Verdacht des mehrfachen Mordes« wurde zu einem schlichten »Betrugsverdacht« zurückgeschraubt. Damit waren Ermittlungen zur Ursache des Schiffsunglücks nicht mehr möglich. Die Interpol wurde eingeschaltet – über Weisung des Innenministeriums musste die gesamte Interpol-Korrespondenz sofort dem Innenminister vorgelegt werden.

Mittlerweile kristallisierte sich durch Zeugenaussagen immer deutlicher heraus, dass anstatt der behaupteten Uranerz-Aufbereitungsanlage lediglich ein großer Haufen frisch lackierter Schrott auf der *Lucona* transportiert worden war. Doch weder der Hersteller dieser ominösen Uranmühle war bekannt, noch das Land, wohin diese Anlage hätte geliefert werden sollen. »Asien« wäre der Zielhafen gewesen, eventuell Hongkong, doch Genaueres wisse man nicht. Die Nebelbomben, geworfen von Udo Proksch, zeigten Wirkung, seine Verschleierungstaktik hatte lang Erfolg.

Hartnäckig regte die Staatsanwaltschaft Wien erneut Haftbefehle gegen Udo Proksch und dessen Geschäftspartner Hans Peter Daimler an – wieder wurde dieser Wunsch von höchster Stelle abgeschmettert. Die berühmte Suppe, wie der damalige Justizminister Harald Ofner zu sagen pflegte, wäre zu dünn gewesen. Die weisungsgebundene Staatsanwaltschaft war fassungslos, dass sich nun auch der Justizminister »ohne Rücksicht auf die Aktenlage der politischen Notwendigkeit gebeugt hat«. Die Oberstaatsanwaltschaft untersagte eine Voruntersuchung gegen Proksch, diese Behörde wurde jedoch sofort aktiv, als es galt, eine gerichtliche Untersuchung gegen hohe Justizfunktionäre und Polizisten einzuleiten, die gegen Udo Proksch ermittelt hatten. Das Netzwerk, das der Hofzuckerbäcker im Lauf der Jahre fein um sich gesponnen hatte, bleibt noch dicht und hält – langsam, aber sehr langsam bekommt es Risse.

»Herzliche Grüße, Leopold«

Am 15. Februar 1985 schließlich der erste deutliche Bruch: Udo Proksch und Hans Peter Daimler kommen tatsächlich in Untersuchungshaft. Haftgrund: Flucht- und Verdunkelungsgefahr, weil Proksch eine angekündigte Geschäftsreise nach Djakarta nicht angetreten hat, mit dieser Begründung aber einen Gerichtstermin platzen ließ. Die Konditorei *Demel* trägt die Trauer über diese überraschende Verhaftung öffentlich und hisst demonstrativ über dem Eingang eine schwarze Flagge. Freund Leopold Gratz, damals Außenminister, zeigt sich entsetzt und schreibt einen legendären Brief in das Gefängnis: »Lieber Udo« heißt es auf dem offiziellen Briefpapier des Außenministeriums, »Lass' Dich durch diese unbegreifliche Vorgangsweise nicht entmutigen. Die Wahrheit wird an den Tag kommen … ich nehme an, dass sich alle dessen bewusst sind, dass man mit der Freiheit eines Menschen nicht spielen soll. Also Kopf hoch – ich hoffe, Dich rasch wieder zu sehen. Herzliche Grüße, Leopold«. Auch Teddy Podgorski ist »bestürzt« über diese Maßnahme der Justiz, auch er schreibt auf einem offiziellen Briefpapier des ORF: »… ich fühle mich mit Dir in dieser Situation äußerst verbunden, weil ich überzeugt bin, dass die Beschuldigungen nicht zu Recht bestehen …«

Leopold Gratz bezeugt seine Freundschaft zu Proksch aber nicht nur mit einem aufmunternden Brief. Rasch holt er Journalisten zu sich und macht sich öffentlich »Selbstvorwürfe«. Er könne doch belegen, wonach »ganz Wien seit acht Jahren gesucht hat«. Denn er, Gratz, sei eine Art Kronzeuge in dieser ganzen Geschichte, denn er hätte tatsächlich in Chioggia mit eigenen Augen gesehen, dass »gelb lackierte Teile, große Mengen an Rohren und Stangen in einem Schuppen lagerten«. Indirekt, durch die Blume sozusagen, will der Außenminister offenbar mitteilen, dass diese »gelb lackierten Stangen und Rohre« zu einer Uranerz-Aufbereitungsanlage gehören würden. So konkret ist seine Aussage dann doch nicht. Die hochbrisanten Dokumente, die er der Justiz eiligst überbringen lässt, allerdings schon: Dabei handelt es sich angeblich um das lang gesuchte Ursprungszeugnis der Uranmühle. Die Justiz suchte acht Jahre vergeblich danach und just, als Proksch in U-Haft kam, tauchte dieses Papier plötzlich über Freund Leopold Gratz auf. Das Zeugnis soll von der rumänischen staatlichen Handelsfirma *Uzinexportimport* stammen und war erst am Vortag von einem Attaché der österreichischen Botschaft in Bukarest übernommen worden. Selbst Udo Proksch war über diese Papiere erstaunt, wusste er doch selbst nicht, woher die Maschine, die er verschiffte, eigentlich stammte. »Keine Ahnung, da sind große Lastwagen in der Nacht gekommen«, bekam die Justiz zu hören. Bei Geschäften mit sensiblen Waren müssten Anfang und Ende des Transportwegs geheim bleiben und verschleiert werden. Immerhin könnte man aus Uranerz mit dem entsprechenden Knowhow auch eine Atombombe bauen. »Denken Sie an Pakistan«, raunte man einander kryptisch zu. Außerdem gab Proksch zu bedenken: »Der Rumänien-Vertrag bedeutet noch lang nicht, dass die Anlage tatsächlich aus Rumänien kommt«. Egal woher, Udo Proksch und sein Kompagnon Daimler dürfen nach elf Tagen Untersuchungshaft mit einem Siegeslächeln und einem großen Blumenstrauß trotz dringenden Tatverdachts das Gefängnis wieder verlassen. Das Netzwerk ist wieder intakt. Die so genannten Entlastungspapiere waren von A bis Z gefälscht, der rumänische Geheimdienst – die berüchtigte *Securitate* – hatte seine Finger im Spiel.

Ein Buch mit Sprengkraft

Nach diesem neuerlichen Tiefschlag für den engagierten und unerschrockenen Untersuchungsrichter Wilhelm Tandinger dümpelte das Verfahren einige Monate dahin, einmal noch, im Oktober 1986, wurden Proksch und Daimler vorübergehend in Untersuchungshaft genommen, jedoch ebenso rasch wieder entlassen. Doch dann, Ende 1987, geschieht das Unerwartete: Hans Pretterebners Lebenswerk, das Buch *Der Fall Lucona,* erscheint und nennt schonungslos alle Namen, die im Zusammenhang mit Udo Proksch und dem Schiffsuntergang stehen. Der Journalist veröffentlicht auch eine Reihe von bisher unbekannten Dokumenten, die diese Zusammenhänge untermauern. Das Buch entlarvt wahrhaft skandalöse Zustände in höchsten Regierungskreisen und wird in kürzester Zeit zum meistgelesenen und erfolgreichsten Buch Österreichs. Nach einem Regierungswechsel erklimmt der parteilose Egmont Foregger den Chefsessel im Justizministerium, und rasch sollten sich die Blendgranaten als wirkungslos erweisen: Im März 1988 gibt er grünes Licht für die Anklage gegen Udo Proksch. Zu diesem Zeitpunkt allerdings weilte der Hofzuckerbäcker nicht mehr in Österreich. Mit richterlicher Erlaubnis hat er einen angeblichen Geschäftstermin in Japan wahrgenommen, von dem er allerdings nicht zum erwarteten Termin nach Österreich zurückkehrt. Inzwischen wird Proksch mit einem internationalen Haftbefehl weltweit gesucht, von den Philippinen meldet er sich telefonisch und plaudert wie in alten Zeiten mit Journalisten in Wien. Er lässt sein Gesicht operieren und nach eineinhalb Jahren Flucht, im Oktober 1989, fliegt er mit falschem Pass und Namen über London nach Wien. In

Schwechat will er sich über den Transitraum durch den Flughafen mogeln, er wird aber – so erzählt es zumindest die Legende – an seiner Stimme erkannt und sofort verhaftet. Die *Causa Lucona* hat unterdessen drei seiner prominenten Freunde die Karriere gekostet, als Konsequenz auf einen parlamentarischen Untersuchungsausschuss folgte ein innenpolitisches Beben: Karl Blecha musste als Innenminister und Leopold Gratz als Nationalratspräsident den Hut nehmen, Karlheinz Demel wurde als Präsident des Wiener Sozialgerichtes suspendiert.

Das Wrack wird gefunden

Doch dann, 13 Jahre nach dem Untergang der *Lucona,* geht alles sehr schnell, und im Wiener Schwurgerichtsaal wird im Jänner 1990 der Prozess eröffnet. Udo Proksch hat offenbar seine Bühne gefunden, er blödelt, er scherzt, er macht Witze, er lacht, er ist gut gelaunt und spielt Theater wie in seinen besten Tagen. Auch Richter Hans-Christian Leiningen-Westerburg gefällt das offensichtlich, dem Publikum sowieso. Kostenlose Unterhaltung im Gerichtssaal, das ist was fürs Wienerherz. Ob er sich schuldig fühle? Ach wo. Sechs Tote? Schon, nur habe er mit dem Untergang dieses Schiffes überhaupt nichts zu tun.

Seine Freunde schließen sich ganz dieser Meinung an: Jeder, der den bunten Hofnarren gut kennt, traut ihm zwar einen »fantastischen und genial geplanten, gigantischen Versiche-

Vorhergehende Doppelseite – Udo Proksch vor seiner Verhandlung am 20. Februar 1990: »Si vis pacem para bellum«

rungsbetrug« zu, aber kaum jemand die Kaltschnäuzigkeit für einen mehrfachen Mord. Leopold Gratz betont, er wisse ganz genau, »dass der Udo nicht einmal fähig ist, einer Fliege etwas zuleide zu tun«. Doch seine Freunde müssen über ihn nicht urteilen, diese Aufgabe fällt den Geschworenen zu. Gleich zu Prozessbeginn fixiert Proksch eine Laienrichterin, er nimmt sie in seinen Bann und beginnt ungeniert mit ihr einen Flirt, der sich durch den gesamten Prozess ziehen sollte. Nur sehr selten in diesem langen Verfahren bekommt man das Gefühl, dass es eigentlich um sechs ermordete Seeleute geht. Zu unbekannt sind die Opfer, zu lang her und viel zu weit weg ist das Geschehene. Wenn es bei Fragen der Staatsanwälte manchmal eng wird für den Angeklagten, bekommt er Kopfweh und kann sich an nichts erinnern.

Acht Monate nach Prozessbeginn dann der Paukenschlag: Das Gericht beschließt, das Wrack der *Lucona* auf dem Grund des Indischen Ozeans zu suchen. Die Ankläger sind entsetzt, die Sinnhaftigkeit und die Kosten dieses Unterfangens – rund 20 Millionen Schilling, etwa 1,5 Millionen Euro – werden öffentlich heftig kritisiert. Die Wahrscheinlichkeit, dass das Wrack tatsächlich gefunden wird, liege bei nur 20 Prozent. Etwa 200 Quadratmeilen umfasst das Suchgebiet, 22 Tage soll ein spezielles U-Boot für dieses Projekt Zeit haben. Tatsächlich, aber für viele Beobachter völlig unerwartet, ist die Suche von Erfolg gekrönt: Am zehnten Tag orten die Techniker ein Wrack in exakt 4.195 Metern Tiefe. Deutlich kann man auf einem Teil die Aufschrift »Oberhöflein« erkennen, also just jene wertlose Kohlebergwerksanlage, die mit einer Uranmühle rein gar nichts zu tun hat. Die verletzte Schiffshaut war außerdem nach außen gebogen – ein Beweis dafür, dass im Bauchraum des Schiffs eine Explosion stattgefunden haben muss und die *Lucona* nicht von einem Torpedo abgeschossen wurde. Auch diese Variante hat Udo Proksch immer wieder ins Spiel gebracht. Mit diesem Ergebnis war der Weg nun endlich frei für das Urteil erster Instanz.

»Hallo Gfraster!«

Auf den Tag genau drei Jahre nach Anklagegenehmigung ziehen sich die Geschworenen in ihr Beratungszimmer zurück. 57 Verhandlungstage liegen hinter ihnen, teilweise äußerst schleppend und ermüdend, 55 Zeugen wurden einvernommen, sieben Sachverständige gehört, ein Lokalaugenschein in Hochfilzen wurde gemacht und nochmals Sprengversuche auf dem Truppenübungslatz Allentsteig. Schließlich wurde auch ein Modell der *Lucona* in der Schiffsbautechnischen Versuchsanstalt »probeversenkt«. Aus all diesen Eindrücken und dem Ergebnis der *Lucona*-Suche im Indischen Ozean müssen acht Laienrichter zu einem Wahrspruch kommen. Mit einem lauten »Hallo, Gfraster!« kommt Proksch nach acht Stunden Beratung wieder in den Verhandlungssaal. Mit 6:2 Stimmen wird er schuldig gesprochen des sechsfachen Mordes, des sechsfachen Mordversuchs, der vorsätzlichen Gefährdung durch Sprengmittel und des versuchten schweren Betrugs – 20 Jahre Freiheitsstrafe für den *Herrn Udo*. Er bedankt sich bei »jenen Herrschaften, die für mich gestimmt haben und ein Wort zu meinen Feinden: Si vis pacem para bellum«. (Wenn du den Frieden willst, bereite den Krieg vor.) Der Oberste Gerichtshof wandelt acht Monate später die 20 Jahre Haft in eine lebenslange Freiheitsstrafe um.
Udo Proksch kommt in die Justizanstalt Graz-Karlau und entwickelt sich dort zum »Musterhäftling«. Er baute im Gefäng-

nis eine kleine Bibliothek auf und war unter den Beamten und Mitgefangenen sehr beliebt. Immer wieder wurde er von Freunden aus alten Zeiten besucht. Sein Schuldenstand aufgrund des Prozesses belief sich auf knapp zehn Millionen Euro. Proksch hätte frühestens 2004 nach der Verbüßung von 15 Jahren Freiheitsstrafe einen Antrag auf bedingte Entlassung stellen können. Doch dazu sollte es nicht kommen: Nach einer schwierigen Herzklappenoperation im LKH Graz kommt es zu Komplikationen, die ein Spenderherz nötig machen. Doch der rasche Eingriff ist vergeblich, nur wenige Stunden nach der Transplantation stirbt Udo Proksch am 27. Juni 2001.

Vier Jahre Schweigen

20 Minuten nach Prokschs Schuldspruch klopfte die Polizei an der Kölner Wohnung von Hans Peter Daimler und nahm den letzten Nachkommen des berühmten deutschen Autokonstrukteurs Paul Daimler fest. Er galt als Mitwisser von Udo Proksch und wurde wegen Beihilfe zum Mord in Kiel angeklagt. Im Gerichtssaal verfolgte Daimler eine andere Strategie als Proksch: Er sagte kein einziges Wort, er beantwortete keine einzige Frage und reagierte auf keinen einzigen Vorwurf. Schweigend wurde er zweimal in der Woche in den Gerichtssaal gebracht, dort saß er stumm wie eine Kleiderpuppe und schweigend wurde er wieder in seine Zelle zurückgebracht. Und das 265 Verhandlungstage lang.
Vier Jahre nach Prozessbeginn hörten die fünf Richter plötzlich und erstmals die Stimme des Angeklagten: »Ich glaube, das Gericht hat sich ein falsches Bild von mir gemacht.« Unter Tränen erzählte Daimler dann aus seinem Leben und wie er

Udo Proksch kennen lernte. Hans Pretterebner sieht in Daimler den »analytisch umsetzenden Kopf« des Falls, »Proksch allein hätte das nie geschafft«. Daimler gestand, dass er für den Versicherungsbetrug zwar Papiere gefälscht hatte, doch mit dem Untergang der *Lucona* will er nichts zu tun haben. »Es war ein Schock, als ich davon erfahren habe.«

Nach fast fünf Jahren Prozess wurde im Juni 1997 das Urteil gefällt und Hans Peter Daimler zu 14 Jahren Haft verurteilt. Das Kieler Gericht benötigte insgesamt 278 Verhandlungstage, man hörte 108 Zeugen und 15 Sachverständige. Die Richter trauten den Ergebnissen der Wiener *Lucona*-Suche jedoch nicht und ließen mit Hilfe einer Computersimulation das Schiff auf 510 verschiedene Varianten sprengen. Doch nur eine einzige stimmte mit den übrigen Beweisen und Zeugenaussagen überein. Exakt jene, die auch im Proksch-Urteil nachzulesen ist. Aber nichts gegen deutsche Gründlichkeit.

Post Scriptum

»Doch, danke, es geht schon wieder, ich erhole mich.« – Die Stimme von Hans Pretterebner, 65, klingt wie eh und je, auch ein wenig Zuversicht ist zu hören. Im Vorjahr ist der Journalist an Blasenkrebs erkrankt, vier Operationen und die entsprechenden Chemotherapien haben ihn zwar geschwächt, aber ihm nicht seinen Optimismus geraubt. Pretterebner hat seinen Verlag in Wien geschlossen und sich mit seiner Familie ganz in das Schloss Wetzlas im Waldviertel zurückgezogen. Er führt den Betrieb als Ferienschloss mit 98 Betten, vorwiegend Jugendgruppen können dort entspannte Wochen verbringen. Udo Proksch, der das Leben Pretterebners in so radikaler Weise bestimmte, hat er nach dem Prozess öfter getroffen. »Ja, bei anderen Prozessen sind wir einander immer wieder begegnet, er ist sehr amikal mit mir umgegangen. Wir haben auch korrespondiert.«
Das Buch »Der Fall Lucona«, an dem der Autor vier Jahre intensiv recherchiert hatte, wurde zum bislang erfolgreichsten Buch in der österreichischen Verlagsgeschichte. »22 Beschlagnahmeversuche hat es gegeben und 55 Prozesse wurden angestrengt«, erzählt Pretterebner, »aber ich habe keinen einzigen verloren«. Rückblickend war die Zeit nach dem Erscheinen des Buchs doch auch schwierig: »Ich musste bezahlen, denn man hat nicht vergessen, was ich mit diesem Buch bewirkt habe und man hat auch alles getan, um mich zu vernichten. Ich bekam eine Nervenkrankheit, von der ich mich nie wirklich erholt habe. Trotzdem: Auch wenn ich gewusst hätte, was auf mich zukommt, ich würde alles wieder so machen.« Nachsatz: »Ich kann gar nicht anders.« Ob er neue Projekte in seinem Kopf ausbrütet? »Nein«, sagt Pretterebner, »ich bin des Kämpfens müde geworden«.

Tatort Krankenhaus

Vier Stationsgehilfinnen müssen 42 Morde an wehrlosen Patienten eines Krankenhauses verantworten. Von Europas größter Mordserie ist die Rede. Blankes Entsetzen lähmt das Land.

Zutiefst erschüttert wendet sich der Wiener Arzt Franz Pesendorfer am Nachmittag des 9. April 1989 an die Medien. »Helfen Sie uns bitte!«, sagt er mit gebrochener Stimme, »wir wissen nicht mehr, was wir tun sollen«. Nach hektischen Telefonaten mit dem Wiener Polizeipräsidenten und dem Gesundheitsstadtrat war durchgesickert, dass auf Station D in der Medizinischen Abteilung im ersten Stock des Pavillons V des Lainzer Krankenhauses Unvorstellbares, ja Unbegreifliches passiert sein soll: Zig Patienten, alles alte, hilflose Menschen, seien von Stationsgehilfinnen gezielt getötet worden. Vier Frauen sind bereits in Haft, von »Europas größter Mordserie« wird getuschelt, ein Schock, blankes Entsetzen lähmen das Land. »Wir können das alle nicht begreifen«, fährt der Arzt fort, »das ist so, als säßen Sie zehn Jahre lang im Büro neben einem Kollegen, und dann heißt es plötzlich: Das ist der gesuchte Frauenmörder«.

Schon seit einiger Zeit gab es Gerüchte, über bestimmte Kolleginnen des Pflegepersonals wurde getuschelt, doch jetzt scheint sich ein böser Verdacht bestätigt zu haben. An seiner Station, so Pesendorfer wörtlich, »war etwas nicht in Ordnung«. Innerhalb kürzester Zeit fiel eine Patientin in einen lebensbedrohenden Zustand, für den die Ärzte keine plausible Erklärung fanden. Denn der Blutzuckerspiegel der Patientin war ohne ersichtlichen Grund dramatisch abgesackt, die Frau konnte gerade noch gerettet werden. Offenbar hatte sie körperfremdes Insulin in großer Menge verabreicht bekommen. Pesendorfer: »Mein Verdacht war begründet, doch ich habe nicht geglaubt, dass es Menschen geben kann, die so etwas Schreckliches tun.«

Die Regeln der Macht

Die Hauptfigur, die alles dominierende Person in diesem mörderischen Quartett, die Spinne in der Mitte des Netzes ist die Stationsgehilfin Waltraud, damals 30. Die Tochter eines Landwirts stammt aus dem niederösterreichischen Weinviertel. In der Volksschule bleibt sie einmal sitzen, wegen ihrer starken Kurzsichtigkeit hat sie Probleme beim Lesen. Nach der Hauptschule besucht sie eine Krankenpflegeschule, scheitert aber in den Fächern Anatomie und Pathologie. Mit 17 zieht sie zu ihrer Schwester nach Wien und wird Stationsgehilfin im Lainzer Krankenhaus. Als fröhlich wird sie beschrieben, als lebenslustig und kompetent in der Pflege. »Sie war eine Persönlichkeit«, sagt ihre Kollegin Stefanie anerkennend, »die Waltraud war die Chefin, sie war eine richtige Herrschaft«. Von den Ärzten wird sie wie eine diplomierte Fachkraft eingesetzt und bekommt Aufgaben übertragen, für die sie keine Ausbildung hat. Die Gehilfin Waltraud beherrscht die Regeln der Macht perfekt. Ihre Komplizinnen wählt sie so aus, dass sie die unumstrittene Nummer eins auf dieser Station im Pavillon V bleibt. An Sachverstand, an Ausstrahlung, Charisma und Intelligenz ist sie ihren Kolleginnen deutlich überlegen. Auf der Station nennt man sie auch *Hexe*, vor allem deshalb weil während ihrer Dienste viele alte Menschen gestorben sind. Mehr als bei den anderen. Auffallend mehr, doch das will man erst im Nachhinein so richtig registriert haben.

Die drei anderen, die Monate später neben »der Chefin« auf der Anklagebank Platz nehmen müssen: Stefanie, 50. Eine bescheidene Frau aus Slowenien, *Fanny* hat man sie auf der Station gerufen. Vorher hat sie als Bedienerin gearbeitet, später als Kindermädchen und in einer Fischfabrik. Ihre ganze

Liebe gehört ihrer Tochter und den Enkelkindern. Ein stilles, leises Leben soll sie geführt haben, aufgeblüht ist sie nur im Kreis ihrer Familie. Die dritte, die »graue Maus« Irene, 27 Jahre alt, verheiratet. Mit 18 hat sie ein Kind geboren und zur Adoption freigegeben. In der Krankenpflegeschule versagt sie in den Fächern Gynäkologie und Chirurgie. Den krebskranken Vater pflegt sie bis zu seinem Ende, »damals habe ich gelernt, abzuschalten«. Nach seinem Tod wird sie von Alpträumen geplagt, sie sieht offene Gräber und Menschen, die im Sterben liegen, aber nicht sterben können. Schließlich noch Maria, 27, aus einem kleinen niederösterreichischen Dorf. Auch sie bricht wegen schulischer Misserfolge die Krankenschwesternschule ab und wird mit 18 Jahren als Hilfskraft im Lainzer Spital angestellt. Wegen ihres ruhigen, angenehmen Wesens wird sie in ihrem Bekanntenkreis sehr geschätzt und ihrem dreijährigen Sohn ist sie eine liebevolle Mutter.

Wie in einem Kriegslazarett

Sofort nach Auffliegen des Skandals wurde eine Untersuchungskommission eingesetzt, und der Bericht dieser Expertenrunde spricht Bände. Der Altersdurchschnitt der Patienten auf Station D lag weit über den anderer Abteilungen, 45 Prozent waren älter als 75 Jahre. Die Auslastung betrug im Jahr 1988 103,1 Prozent und die Relation zwischen dem gelernten und dem ungelernten Personal war außerordentlich ungünstig. 39 geschulten Krankenpflegerinnen und Krankenpflegern standen 25 nicht ausgebildete gegenüber. In den Diensteinteilungen wurden keine Unterschiede zwischen den beiden Berufsgruppen gemacht, die Gehilfinnen mussten Tag und Nacht auch die Aufgaben der diplomierten Kräfte übernehmen. Niemand sagte ihnen, wie mit sterbenden Patienten umzugehen ist, mit den Kranken, die ohne Hoffnung dahindämmerten, den Unheilbaren, für die der Krankenhausaufenthalt zur Endstation ihres Lebens werden sollte. Station D war ein Sammelbecken für Patienten mit Schlaganfällen, Verwirrtheitszuständen und anderen Erscheinungsformen von Hilflosigkeit. Manche waren nicht einmal krank, sondern einfach nur alt. Viele Patienten lagen auch in Betten auf dem Gang. »Der Gang war oft so voll«, sagte eine Pflegerin, »dass wir nicht mit dem Essenswagen durchgekommen sind. Es ging dort zu wie in einem Kriegslazarett«. Wichtig war den Vorgesetzten nur, dass die Versorgung reibungslos funktioniert, alles sollte klappen wie am Schnürchen. Doch auch in der Pflege der Kranken hat die Kommission gravierende Missstände festgestellt: Die Körperpflege war unzureichend, Patienten lagen längere Zeit in ihrem Kot, die Patientenklingeln waren häufig abgestellt oder außerhalb der Reichweite der Kranken. Warmes Essen bekamen die Patienten oft kalt serviert und die Speisen wurden bei Patienten, die selbst nicht essen konnten, unangetastet weggebracht. Ein strenger und rauer Umgangston beherrschte den Alltag, auch das distanzlose Verhalten gegenüber den Kranken wurde kritisiert. Kein Teamgeist war spürbar, kein Miteinander. Die Zusammenarbeit zwischen Ärzten und Pflegepersonal war schlecht und wörtlich stellte die Kommission fest: »Der Respekt vor dem Leben war vermindert … die Autorität Franz Pesendorfers angekratzt, das zeigte sich darin, dass viele seiner Anordnungen nur sehr halbherzig befolgt wurden … es kam auch zu einer starken Cliquenbildung im Pflegepersonal. Pesendorfers Führungsverhalten seinen engen Mitarbeitern gegenüber zeigte eine besonders chefbezogene Ausprägung. Demgegenüber stand die an sich liebenswürdige Persönlichkeit Pesendorfers, der allen alles recht machen wollte.« Soweit Auszüge aus dem Bericht der offiziellen Untersuchungskommission. »Diese Vorwürfe sind geradezu grotesk«, kommentierte Pesendorfer die Kritik,»ein paar Monate zuvor wurde ich wegen meiner besonderen Verdienste noch befördert. Aber einer musste geprügelt werden, und da ich kein Parteibuch habe und auch keine Lobby hinter mir, bot ich mich dafür direkt an.« Häufig hat er Eingaben an den Magistrat Wien gemacht, häufig hat er um mehr Personal ersucht, diese Schreiben wurden nicht einmal beantwortet. Nur einmal habe man ihn wissen lassen: »Eine Schwester für 95 Patienten genügt vollauf.«

Die kleinen Schritte zum Töten

Noch viel schärfere und deutlichere Worte sollte der Wiener Staatsanwalt Ernst Kloyber finden. Im März 1991 wird im Wiener Schwurgerichtssaal der Prozess gegen die vier Stationsgehilfinnen eröffnet. Insgesamt wird den Frauen Mord an 42 Patienten angelastet. Das Interesse an dieser Verhandlung ist enorm. Der Ankläger ergreift das Wort, ein ruhiger, sehr sachlicher Staatsanwalt. Kaum große Gesten, kaum hebt er die Stimme. Was er dann zu sagen hat, benötigt auch keine theatralische Unterstützung. Der Inhalt seiner Anklage lässt die Zuhörer völlig verstummen, manche Journalisten sind auf eine Weise gefesselt, dass sie mitunter vergessen, die Sätze zu notieren.

»Es ist nur ein kleiner Schritt von der Tötung eines sterbenden Patienten bis zur Tötung eines scheinbar sterbenden Patienten, bis zur Tötung eines lästigen Patienten, bis zur

Tötung von lebensunwertem Leben«, spannt Kloyber einen Bogen in die düsterste Vergangenheit seines Landes. »Das ist die Euthanasie des Dritten Reichs. Das ist ein Tor, das nie wieder, nie wieder aufgestoßen werden darf.«
Dann beginnt er von den Anfängen auf der Station D des Pavillon V im Lainzer Krankenhaus zu berichten. Er blättert im Archiv zurück in das Jahr 1982. Damals hatte die junge Stationsgehilfin Waltraud ein Schlüsselerlebnis: Sie wurde Zeugin, als einer Patientin vor einer Operation eine Ampulle verdünntes *Rohypnol* gespritzt wurde und diese Frau einen sofortigen Atemstillstand hatte. Sie konnte gerettet werden. Doch seit diesem Zeitpunkt begann in der Stationsgehilfin eine fixe Idee zu reifen: *Rohypnol* – Atemstillstand – Tod. Von der tödlichen Wirkung dieses Medikaments berichtete sie ihrer Freundin Irene, die fand die Methode »super« und probierte sie ebenfalls aus. Allerdings nicht auf Station D, wo die Kassenpatienten lagen, sondern auf der Privatstation. Ihr prominentestes Opfer, getötet mit drei unverdünnten Spritzen *Rohypnol*: Juliane Pintar-Drapal, jahrzehntelang umjubelte Primaballerina der Wiener Staatsoper. Mit 71 Jahren wurde sie nach ihrem zweiten Schlaganfall in den Pavillon V eingeliefert. Auch die junge Gehilfin Maria wurde in das Geheimnis der »Ruhigstellung« eingeweiht. Sie versuchte es bei zwei Patienten, bekam dann aber solche Gewissensbisse, dass sie nicht mehr mitmachte. Der Verbrauch an *Rohypnol* auf der ersten medizinischen Abteilung war über Jahre zehnmal höher als auf vergleichbaren anderen Stationen. Doch das fiel niemandem auf, obwohl monatlich ein Computerauszug über die verbrauchten Medikamente der Abteilungsleitung vorgelegt wurde.
Wie oft Gehilfin Waltraud diese Tötungsart angewendet hat,

lässt sich nicht mehr nachvollziehen. Niemand kann jetzt noch genau sagen, wie häufig Patienten mit dem ekelhaften Decknamen »Mundpflege« getötet worden sind. Einer Tötungsart, die bisher noch in keiner Literatur zu finden ist. Kloyber: »Es ist blanker Zynismus, den Begriff für diese brutale Tötung zu verwenden. Schwerstkranken Patienten wurde mit einem Spatel der Zungenhintergrund hinuntergedrückt, dadurch wurde das Schlucken verhindert. Dann wurde den Patienten Wasser in den Mund eingeflößt und die Kranken konnten gar nicht anders, als das Wasser einzuatmen. So kam das Wasser in die Lunge und das heißt: Tod durch Ersticken.« Die vier Frauen auf der Anklagebank schauen bei diesen Schilderungen starr zu Boden. Eine wischt sich manchmal Tränen von der Wange, die Hauptangeklagte schüttelt immer wieder den Kopf. »Das Töten wurde bald zur Gewohnheit«, gab sie nach ihrer Verhaftung bei der Polizei an.

Das soll Mitleid sein?

Auch die Statistik nimmt Ernst Kloyber zu Hilfe. In einem bestimmten Zeitraum sind auf dieser Station bei einer bestimmten Pflegerin 37 Patienten gestorben. Bei einer anderen Kollegin waren es 40. »Im gleichen Zeitraum starben bei der Hauptangeklagten Waltraud 222 Patienten!«, wird der Ankläger nun doch etwas lauter. »Das ist ein Vielfaches! Warum, frage ich? War das Sterbehilfe aus Mitleid? Das kann ich nicht glauben. Wenn diese Frau Dienst hatte«, zeigt er zur Hauptangeklagten, »dann blieben die Patienten in ihrem Kot liegen, dann wurden die Klingeln abgehängt, damit die Kranken das Personal nicht stören sollten, und Patienten, die selbst nicht mehr essen konnten, wurden nicht gefüttert. Das soll

Mitleid sein?«, fragt der Staatswanwalt noch einmal, »das sollen wir glauben?« Schließlich spricht Kloyber noch von der Nacht des 1. auf den 2. April 1989. Er sagt, das war »die Nacht des Grauens«. Am Abend, um zirka 18 Uhr, hat ein unruhiger Patient eine hohe Dosis Insulin von Gehilfin Waltraud bekommen. Der Mann war nicht zuckerkrank, eine Ärztin erkannte jedoch den bedrohlichen Zustand des Patienten und setzte gerade noch lebensrettende Maßnahmen. Gegen Mitternacht verabreicht Waltraud einem anderen Patienten Insulin. Auch dieser Mann war nicht zuckerkrank – er stirbt. Als die Gehilfin gegen fünf Uhr früh bei einem dritten Patienten die Insulinspritze ansetzt, schreitet ihre Kollegin Stefanie ein. »Bist du wahnsinnig«, sagt sie, »doch nicht bei diesem Patienten. Der ist doch gar nicht so krank, und es fällt auf, wenn der stirbt«.

»Dreimal in einer einzigen Nacht«, resümiert der Ankläger, »der Krug geht so lang zum Brunnen, bis er bricht«. Von der Spitze eines Eisbergs hat Kloyber auch gesprochen – die Spitze ist 42 angeklagte Morde. »Das, was von diesem Eisberg unter Wasser schwimmt, ist wahrscheinlich größer, als wir vermuten.« Aber Vermutungen kann man nicht anklagen, dafür braucht man konkrete Beweise. »Die Zustände auf dieser Station waren die Nährlösung für die Saat der Gewalt.«

Vorhergehende Doppelseite – Die Hauptangeklagte bricht unmittelbar nach Verkündung des Urteils am 29. März 1991 im Verhandlungssaal zusammen und muss von Gerichtsbediensteten gestützt werden:
»Deckname Mundpflege«

Nur ein Schluckerl Wasser

Mehrere Stunden steht die Hauptangeklagte im Visier des vorsitzenden Richters Peter Straub. 31 Morde sollen allein auf ihr Konto gehen und sie fühlt sich in den meisten Fällen »grundsätzlich« schuldig. »Auf der Station konnten so viele Menschen nicht sterben«, erzählt sie, »man musste ihnen dabei helfen«.
Richter: »Was verstehen Sie unter helfen?«
»Man musste diese Menschen von ihren Schmerzen erlösen. Ich wollte nur helfen, ihre Schmerzen zu lindern.«
»Sonst nichts?«
»Nein, sonst nichts.«
Sie vermeidet den Begriff »töten«. Sie spricht nicht in der Sprache, mit der sie sich mit ihren Kolleginnen auf der Station verständigt hat. »Der liebe Gott hat ein Zimmer frei«, hat es dort geheißen oder »Der Patient ist in den Keller gefahren«. Vor Gericht spricht die Angeklagte nur vom Helfen und sie meint damit Töten. Töten mit der Spritze, gefüllt mit einer Überdosis *Rohypnol*, *Dominal forte* oder *Valium*. Oder Töten mit der widerlichen »Mundpflege«, an der die Patienten qualvoll erstickten.
»Sie haben den Kranken Wasser in die Luftröhre gegossen, stimmt das?«
»Ja, aber nur ein Schluckerl.«
»Warum haben Sie das gemacht? Wo liegt der Sinn? Warum haben Sie nicht allen Kranken eine Spritze gegeben?«
Darauf weiß die Angeklagte keine Antwort.
»Viele dieser Menschen haben nach ihrer Mundpflege noch stundenlang geröchelt, ehe sie tot waren. Wie passt das zu Ihrem Mitleid?«, lässt der Richter nicht locker.

Doch sie schweigt und schaut zu Boden.
Nochmals stößt der Richter nach: »Was verstehen Sie eigentlich unter Mitleid? Erklären Sie uns das.«
»Es haben nur jene Patienten *Rohypnol* bekommen, die beim Umbetten gestöhnt haben. Die anderen haben nichts bekommen.«
»Sind alle Patienten, denen Sie dieses Mittel gegeben haben, gestorben?«
»Ja, alle.«
Die Unruhigen waren dann für immer ruhig. Der Richter will nun wissen, warum die Angeklagte eine so hohe Dosis der Medikamente verabreicht hat, eine geringere Dosis hätte das Leiden schon wesentlich erleichtert.
»Die Wirkung sollte lang anhalten«, sagt die Frau.
Ja, denkt man sich, der Tod hält ewig an.
Hat sie nicht Angst vor dem Auffliegen ihrer Tötungen gehabt?
»Nein«, sagt sie, »es waren lauter sterbende Patienten und ich habe sehr aufgepasst, dass mich niemand beobachtet«.
Ausgenommen natürlich ihre Kolleginnen, die beim Töten aktiv oder passiv mitgemacht haben.
»Ich habe am Vormittag nie gespritzt«, berichtet die Hauptangeklagte von ihrem Tagesablauf, »da war viel zu viel Personal auf der Station. Erst ab Mitternacht, wenn die Ärzte schliefen und nicht mehr gestört werden wollten, bin ich in die Zimmer gegangen«.

Das Töten von Patienten hat den Gehilfinnen keine nachvollziehbaren Vorteile gebracht. Kaum war ein Krankenbett leer, war kurz danach schon der nächste Patient da. Das Motiv lag im Gefühl der Macht, Herr über Leben und Tod zu sein. Das war es und nicht Mitleid mit kranken Menschen.

17 Stunden bis zum Urteil

Mit 250 Fragen werden die Geschworenen nach 17 Verhandlungstagen in die Beratung geschickt. 17 Stunden später – es ist drei Uhr früh – wird die Tür geöffnet, die erschöpften Geschworenen haben ihre Wahrsprüche gefunden. Am nächsten Tag sollen dann die Urteile verkündet werden. Im überfüllten Schwurgerichtssaal kann man die Stille förmlich hören. Alle warten und fiebern dem entgegen, was Richter Peter Straub endlich sagen wird: Die Hauptangeklagte wird wegen Mordes in 15 und Mordversuchs in 17 Fällen schuldig gesprochen, ihre Kolleginnen wegen fünffachen Mordes und zahlreicher Mordversuche. Waltraud wird zu einer lebenslangen Haftstrafe verurteilt, ebenso lang muss Irene hinter Gitter. Stefanie bekommt 20 Jahre Haft (sieben Mordversuche) und Maria 15 Jahre (zwei Mordversuche). Der Richter blickt von seinen Unterlagen auf, in diesem Augenblick kippt die Hauptangeklagte lautlos um, nur Sekunden später bricht Irene zusammen, Stefanie muss von der Justizwache gestützt werden. Die Verhandlung wird unterbrochen, man hört das Folgetonhorn mehrerer Rettungswägen. Die Frauen werden versorgt. 40 Minuten später kann der Richter das Urteil zu Ende sprechen. Als besonders erschwerend hebt er die Hilflosigkeit der Opfer hervor und den Missbrauch eines Vertrauensverhältnisses. Mildernd hingegen wertet das Gericht die schwierigen Arbeitsbedingungen im Pavillon V. Der Akt landet vor einem Senat des Obersten Gerichtshofs, im Wesentlichen werden die Urteile bestätigt, nur im Fall von Maria werden die 15 Jahre Haft auf zwölf herabgesetzt.
In der Zwischenzeit befinden sich alle Frauen wieder auf freiem Fuß. Maria wurde bereits 1999 aus der Haft entlassen,

Stefanie ein paar Jahre später. Die beiden Stationsgehilfinnen, die eine lebenslange Haftstrafe bekommen haben, sind seit August 2008 in Freiheit. Die Frauen haben 19 Jahre in der Justizanstalt Schwarzau verbracht und galten dort als »Musterhäftlinge«. »Sie haben immer fleißig gearbeitet, keine Schwierigkeiten gemacht und sich einer Psychotherapie unterzogen«, erklärte Anstaltsleiter Gottfried Neuberger. Vier Anträge auf eine bedingte Entlassung waren zuvor abgelehnt worden, bis das Vollzugsgericht einem fünften Antrag zustimmte. Es sei inzwischen ein »Entlassungsmilieu« gegeben, das eine geglückte Resozialisierung wahrscheinlich mache. Drei konkrete Weisungen müssen die Frauen befolgen: Die Psychotherapie fortsetzen, Kontakt zu den Bewährungshelfern halten und allfällige Wohnortswechsel den Behörden bekannt geben. Die Frauen hatten sich jahrelang auf eine mögliche Entlassung vorbereiten und familiäre Kontakte auffrischen können. Sie haben ihre Namen geändert und Interviewanfragen von TV-Sendern kategorisch abgelehnt.

Post Scriptum

Unter dem immensen Druck der Ereignisse im Pavillon V des Lainzer Krankenhauses wurden von den Wiener Kommunalpolitikern umfassende Verbesserungen versprochen. So wurden seit dem Auffliegen der Mordserie deutlich mehr Ärzte, Therapeuten, Krankenschwestern, Pfleger und Helferinnen in den städtischen Krankenhäusern eingestellt. Um Konfliktsituationen besser bewältigen zu können sowie zur Ausbildung der Teamarbeit, wird dem Krankenpflegepersonal eine begleitende Supervision angeboten. In den Monaten nach der Verhaftung der Stationsgehilfinnen wurden bereits 90 Gruppen betreut.

Die Besoldung des Pflegepersonals wurde aus dem allgemeinen Beamtenschema herausgenommen. Eine neue Regelung brachte mit 1. Jänner 1990 eine wesentliche Gehaltsaufbesserung, weitere Anhebungen fanden in der Zwischenzeit statt. Die Bedürfnisse von alten und kranken Menschen wurden in der Vergangenheit in der Pflegeausbildung nicht berücksichtigt, das hat sich geändert: Angehenden Krankenschwestern und Krankenpflegern werden Seminare über den »Umgang mit Schwerstkranken und Sterbenden« angeboten. Aber auch Kurse zur Anleitung und Führung von Stationsgehilfen gehören zum Ausbildungsprogramm in den Wiener Krankenpflegeschulen.

Die Ratte mit dem Bubengesicht

Ein Mädchenmörder wird als umschwärmter Häfenliterat zum Liebling der Wiener Schickeria. Die Frauenwelt liegt Jack Unterweger zu Füßen, doch plötzlich verschwindet eine Prostituierte nach der anderen.

„Klar bin ich gleich herbeigeeilt, als es galt, Jack Unterweger aus der lebenslänglichen Haft loszukriegen", bekennt Günther Nenning 1992 in der Zeitschrift *profil*. Unterweger saß wegen Mordes an einem 18-jährigen Mädchen eine lebenslange Freiheitsstrafe ab, nach 15 Jahren Haft wurde er nach einer wahren Interventionsflut einflussreicher österreichischer Autoren und Künstler vorzeitig entlassen. »Wir fühlen uns solidarisch mit den Verbrechen, die wir nicht verüben, die Unterwegers aber schon«, schreibt Nenning weiter. »Nach verübter Tat verhalfen wir ihm zu einer Schreibmaschine, er lernte von uns, wie man zu Stipendien kommt, zu Lesungen, Subventionen, Rezensionen. Bald war er wie wir und wir wie er. Ich fürchte, er hat uns nicht besonders interessiert. Wir handelten hauptsächlich nach dem gesunden Grundsatz: Gibt's was zu unterschreiben für eine gute Sache, dann unterschreibst halt. Edel sei der Promi, hilfreich und gut.«

Mit dem Verbrechen selbst, mit der Tat, dem Mord ihres Schützlings, hatten sich diese prominenten Fürsprecher nicht auseinandergesetzt. In seinem Tagebuch vom 11. Dezember 1974 hat Unterweger gleichsam als Termin »Ermordung von Margret Schäfer« eingetragen. So lockte er in Hessen ein 18-jähriges Mädchen in sein Auto, fuhr in einen Wald, schüchterte es durch Schläge ein und zwang es, sich bei klirrender Kälte und Schneefall auszuziehen. Dann nahm Unterweger eine Stahlrute und schlug neunmal auf das wehrlose Mädchen ein. Schließlich erdrosselte er sein Opfer mit ihrem Büstenhalter und verscharrte die Leiche oberflächlich. Ein Jahr später wurde Unterweger als Täter ausgeforscht und 1976 von einem Salzburger Geschworenengericht zu lebenslanger Haft verurteilt.

Das Dunkle
macht die Intellektuellen an

»Aus dem Nichts transportierten wir Unterweger eilig zum Ruhm«, fährt Nenning fort. »Als ich ihn in der Strafanstalt Stein bei seiner ersten Lesung sah, war er ein Musterknabe (mit heruntergeschluckten Aggressionen) – als ich ihn nach langer Pause wieder sah, in einem ›Club 2‹, war er aggressiv und arrogant, ganz in weiße Seide gekleidet und mit lauter Gold behangen. Ich dachte schuldbewusst, wenn das nur gut geht.« Dann stellt Nenning wohl die Schlüsselfrage: »Warum hat er uns – nein, nicht interessiert, da müssten uns alle aus der Bahn Geratenen gleichermaßen interessieren – fasziniert ist das Wort. Das Dunkle an so einem Typen, das macht die Intellektuellen an. Immer hat er es mit Prostituierten gehabt und sich dabei seine Mutter vorgestellt, neunmal schlug er mit der Stahlrute zu. *Kronen Zeitung?* Aber nein. Wenn wir uns überhaupt empören, empören wir uns, weil wir so anfällig sind und so angeregt«, bekennt der Autor freimütig. »Die Promi-Literaten sind oft verblüffend schwächliche Figuren – der begabte Killer-Autor scheint ihnen stark, und er ist es, verglichen mit ihnen. Vielleicht ist er gar nicht begabt, sicher ist er gar nicht stark – aber verführerisch und ansteckend.« Auch finanziell lohnt sich die Sache: In den Jahren 1986 bis 1991 bekam Unterweger allein vom Unterrichtsministerium 412.000 Schilling aus dem öffentlichen Subventionstopf. Die damalige Ministerin Hilde Hawlicek zählte – neben anderen – zu seinen deklarierten Förderinnen.

Im Gefängnis machte Jack Unterweger nicht nur seinen Hauptschulabschluss, er absolvierte auch einen Schreibmaschinenkurs und den Fernlehrgang »Technik der Erzählkunst«. Schreiben, das sagte ihm sein untrügliches Gespür, galt in dieser Szene als etwas höchst Positives. Es führt zu Anerkennung und Aufmerksamkeit nicht nur innerhalb der Gefängnismauern, sondern vor allem in der Außenwelt. Zu den Lesungen in die Strafanstalt Stein pilgerten Intellektuelle und Regierungsmitglieder, Unterweger wurde wie ein Schatz auf dem Silbertablett in der Literaturszene herumgereicht und zum Paradefall einer gelungenen Resozialisierung hochstilisiert. Das Schlagwort von damals: »Die Gesellschaft macht sich ihre Täter und ist im Grunde schuld an den Verbrechen«. Dazu noch einmal Günther Nenning in verblüffender Offenheit: »Ob Jack Unterweger schuldig ist, beziehungsweise ob ihm etwas nachgewiesen werden kann, ist für ihn wichtig, nicht für die Literarniks, die ihm Unheil brachten. Die Unterwegers kommen und gehen, die Literaturkarawane zieht weiter ...«

Nichts Negatives begutachten

Die Interventionen waren zwar hilfreich, sie allein konnten Jack Unterweger die Tore in die Freiheit aber nicht öffnen. Es muss auch ein Gutachten geben, das die künftige Harmlosigkeit des verurteilten Mörders mit insgesamt 16 Vorstrafen weitestgehend bestätigt. Einen bemerkenswerten Einblick hat in diesem Zusammenhang der Zeugenauftritt einer jungen Psychologin beim späteren Mordprozess in Graz gegeben. In einer dreiseitigen Stellungnahme befürwortete sie die bedingte Entlassung des Häfenliteraten. Zum damaligen Zeitpunkt hatte diese Psychologin gerade drei Monate Berufspraxis hinter sich, als sie im Auftrag des Kremser Gerichts ihre Stellungnahme abgab. »Ich habe zwei längere Gespräche mit

Jack Unterweger geführt«, erklärte sie dem Grazer Gericht, »jedes Gespräch dauerte etwa eine Stunde.« Auch ein Test wurde gemacht, ohne dass irgendwelche Abnormitäten festgestellt werden konnten. »Aber dieser Test war nicht sehr aussagekräftig. Herr Unterweger hat sehr abgeblockt und ist nicht auf das Motiv seiner Tat eingegangen.« Dann liest der Richter aus dem Akt vor: »… die Mutter arbeitete als Bardame, der Vater ist unbekannt. Aufgewachsen ist Jack Unterweger bei seinem Großvater, einem Alkoholiker. Die Tante war Prostituierte …«

Die fast wörtlichen Zitate aus Unterwegers autobiografischem Roman *Fegefeuer* finden sich zuhauf in der Stellungnahme der Psychologin.

»Wie ist das möglich?«, will der Richter wissen, »haben Sie das einfach abgeschrieben?«.

Sie weicht aus: »Es war ja kein Gutachten, nur eine Stellungnahme.«

»Aber Sie sprechen von einer positiven Entfaltung Jack Unterwegers, davon, dass er sozial angepasst ist, davon, dass er seine Problematik intellektuell aufgearbeitet hat.«

»Ja, das habe ich geschrieben«, sagt die Psychologin leise, »aber ich habe 600 Häftlinge zu betreuen. Es war unmöglich, sich mit jedem auseinanderzusetzen«.

»Und warum haben Sie das nicht gesagt, damals?«

»Anstaltsleiter Karl Schreiner hat mich gebeten, im Rahmen der Möglichkeiten nichts Negatives über Unterweger zu schreiben.«

So hat die Psychologin eben Teile von Unterwegers *Fegefeuer* ungeprüft als bare Münze genommen.

Ungläubig den Kopf schüttelnd meldet sich ein Geschworener zu Wort: »Das war also so, dass die ganze Sache schon gelaufen und Ihre Stellungnahme nur der Tupfen auf dem I war?«

»Ja, so war das.«

Perfekte Schale

Am 23. Mai 1990 um Punkt 8.45 Uhr öffnen sich für Jack Unterweger die Tore in die Freiheit. Selbst der Staatsanwalt hat dieser Entlassung sofort zugestimmt, und es nicht einmal für notwendig befunden, seine Vorgesetzten darüber zu informieren. Eine Dame wartet vor dem Gefängnis, in ihrer Reisetasche ein weißer Anzug für Jack, weiße Schuhe, schwarzes Hemd, eine rote Blüte für das Knopfloch. Für die perfekte Schale ist gesorgt, an den Kern tastet sich niemand heran.

»Einen so gut auf die Freiheit vorbereiteten Mörder finden wir nie wieder«, frohlockte Unterwegers großer Förderer Karl Schreiner stolz in die Mikrofone der Medien. Viele Zeitungen berichteten über diese Entlassung auf den Kulturseiten, immerhin kam ein »renommierter Autor« in Freiheit. Für das Gutachten des Psychiaters Werner Laubichler anlässlich der Verurteilung zu lebenslanger Haft aus dem Jahr 1976 interessiert sich niemand: Unterweger leide an einer erheblichen psychischen Abnormität, er sei speziell Frauen gegenüber sehr aggressiv, ein unverbesserlicher Gewohnheitsverbrecher, bei dem mit Sicherheit Rückfälle zu erwarten sind. Ein solches Attest passt nicht in das Bild eines vermeintlich resozialisierten Mörders. Einer psychiatrischen Behandlung hat sich Unterweger während der 15-jährigen Haft nicht unterzogen. Experten sind im Übrigen der Meinung, dass diese wegen der Schwere der Abnormität auch nicht Erfolg versprechend gewesen wäre.

673 Tage in Freiheit

Der erste Weg führt Jack Unterweger von der Gefängniszelle direkt in die Bar eines Wiener Luxushotels. Endlich ist Champagner angesagt, nach 15 Jahren Freiheitsentzug. Für den Häfenliteraten beginnen – wie er selbst einmal sagte – die schönsten Monate seines Lebens, exakt 673 Tage in Freiheit sollten es werden. Als Exote wird er bestaunt und auf Partys herumgereicht. Seinem bubenhaften Charme erliegen Frauen aller Art: Studentinnen, Hausfrauen, Künstlerinnen, eine Nonne, die Gattin eines Spitzenpolitikers und viele, viele andere. Über seine Affären führt er ein genaues Tagebuch, auch die Qualität der Frauen als Liebhaberinnen wird genau beschrieben. Unterweger bezieht eine Wohnung gleich in der Nähe des Wiener Straflandesgerichts, die Kaution und Teile der Miete werden von einer Fabrikantengattin bezahlt. Seine Lesungen finden vorerst regen Zuspruch, bei seinem berühmten Auftritt im *Club 2* im weißen Anzug darf er den Strafvollzug heftig kritisieren. »Wenn ich innerlich nicht so gefestigt wäre, wäre ich nicht hier. Aber Gott sei Dank habe ich kapiert, wie's geht.« Sein weißer Ford Mustang mit dem Kennzeichen »Jack 1« wird zu einem Markenzeichen, er rühmt sich öffentlich, keinen Führerschein zu besitzen, keine Behörde schreitet ein. Ihn reizt das Spiel, ihn reizt die Provokation, »wie weit kann ich gehen?« Er posiert für ein Foto mit einem Strick um den Hals, »er zeigt sich nackt und neckisch, sein Frauenkonsum ist wahllos, sein Lebens- und Darstellungshunger hemmungslos, alles verständlich«, befindet *Der Spiegel*. Er genießt den Bonus in dieser flüchtigen Champagner-Gesellschaft, ein »geläuterter Mörder« zu sein. So etwas hatte man in diesen Kreisen noch nie.

Doch langsam erlischt der Reiz des Außenseiters, nichts Neues wird geboten, die Kameras wenden sich ab und blicken zur Seite. Jack Unterweger steigt aus der Beletage seines Lebens in Raten ab. Man erkennt immer deutlicher, dass seine literarischen Qualitäten Grenzen haben und über triviale Häfenliteratur nicht hinausragen. Sein Hauptthema – das eigene verpfuschte Leben – ist erschöpfend betrachtet, mehr kann er nicht liefern. Bald zieht es ihn dorthin zurück, wo er schon vor seiner Haft gewesen ist: ins Rotlichtmilieu.

Interviews im Sicherheitsbüro

Für ein Wiener Magazin recherchiert er in der Halbwelt, in Graz sucht er die Rote Laterne und schreibt: »Zwischen Polizei und Milieu herrscht ein fast freundschaftliches, aber auch diplomatisches Miteinander, Umarmungen zwischen Dame und Polizist sind keine Seltenheit. Der Straßenstrich in Graz läuft ohne die in anderen Städten üblichen negativen Begleiterscheinungen.«

Das aber sollte sich rasch ändern: Die ersten Frauen auf dem Grazer Straßenstrich verschwinden und werden später ermordet aufgefunden. Auch in Vorarlberg wird eine Prostituierte just in jener Zeit stranguliert, als sich Unterweger in diesem Bundesland aufhält. In Wien dann plötzlich eine ganze Reihe von Morden im Rotlicht, Unterweger sucht die Nähe der Polizei, er dringt ins Nervenzentrum vor und macht im Sicherheitsbüro für das *Journal Panorama* des ORF eine Reportage mit dem Titel *Die Angst im Rotlicht-Milieu*. Seine »Recherchen« führen ihn nach Prag und Los Angeles, auch dort verschwinden just zu diesem Zeitpunkt Prostituierte. Manche der Ermordeten werden bald entdeckt, manche liegen monatelang verborgen unter Zweigen und Ästen. Einen

Zusammenhang zwischen den Taten, begangen zwischen Oktober 1990 und Juli 1991, sieht zunächst niemand. Ein pensionierter Salzburger Kriminalbeamter, der schon in den Siebzigerjahren mit den Verbrechen von Jack Unterweger konfrontiert war, wittert instinktsicher eine Spur. Nachdem er gehört hatte, dass all diese Frauen vermutlich erwürgt worden waren, ruft er seine Kollegen in Wien und Graz an und teilt seinen Verdacht mit. Tatsächlich ergeht von den Grazer Behörden am 13. Februar 1992 ein Haftbefehl gegen Jack Unterweger. Ihm gelingt mit einer 18-jährigen Wienerin vorerst die Flucht nach Miami, wo er Ende Februar verhaftet und mit lautem medialem Trommelwirbel nach Österreich ausgeliefert wird.

In Wien arbeitet unterdessen eine Sonderkommission unter Leitung von Ernst Geiger auf Hochtouren, in Graz ist Untersuchungsrichter Wolfgang Wladkowski am Zug. Die Ermittlungen konzentrieren sich schließlich auf elf Frauenmorde in drei Staaten, sieben quer durch Österreich, drei in Los Angeles, einer in Prag. All diese Verbrechen wurden nach einem sehr ähnlichen Schema verübt. Eine Anfrage in den Interpol-Ländern, ob vergleichbare Verbrechen in den Datenbänken aufscheinen würden, ist eindeutig: »Den Ermittlungen zufolge ist diese Serie als einzigartig anzusehen.« Spezialisten des FBI in Quantico (US-Bundesstaat Virginia) haben 7.475 Morde miteinander verglichen, darunter 671 Morde an Prostituierten. Die »Handschrift« des Täters blieb übrig: Die Frauen wurden jeweils mit einem ihrer Klei-

Vorhergehende Doppelseite – Jack Unterweger am ersten Prozesstag, dem 20.04.1994, im Schwurgerichtssaal des Grazer Straflandesgerichts: »Innerlich gefestigt«

dungsstücke erdrosselt, überwiegend mit ihrem Büstenhalter oder der Strumpfhose. Die Opfer verschwanden spät in der Nacht, zu einem Zeitpunkt, als nur noch wenige Menschen auf den Straßen waren. Der Täter lockte die Frauen offenbar von ihren Standplätzen in ein Auto, die Tatorte waren bis zu 40 Kilometer davon entfernt. Ein Zeit-Weg-Diagramm hat ergeben, dass sich Jack Unterweger in allen elf Fällen zu den fraglichen Zeiten zumindest in der Nähe der jeweiligen Opfer aufgehalten hatte. Ein stichhaltiges Alibi konnte er in keinem einzigen Fall bieten. Die Grazer Staatsanwälte Karl Gasser und Martin Wenzl bereiteten den Prozess vor, die 32 Seiten starke Anklage lautet auf das Verbrechen des elffachen Mordes. Ein Verfahren, das ob seines Aufwandes alles Bisherige in diesem Land sprengen sollte.

Meister der Manipulation

Rund 150 Zeugen stehen auf der Liste des vorsitzenden Richters Kurt Haas. Aus Los Angeles hat er sie geladen, aus Prag und Deutschland, Gutachter kommen aus Amerika und der Schweiz. Am Eröffnungstag, dem 20. April 1994, sonnt sich Jack Unterweger im Blitzlicht der vielen Kameras, er lächelt, grinst und genießt das Bad in der Öffentlichkeit. Für Minuten hat es den Anschein, als ob er auf der Bühne seines Lebens stehen würde und nicht auf dem gefährlich glatten Parkett eines Schwurgerichtssaals. »Er ist ein Meister der Manipulation«, rückt Staatsanwalt Karl Gasser das Bild für die Geschworenen zurecht, »er ist ein Meister der Selbstdarstellung«.

Unterweger sagt, früher einmal wäre er eine Ratte gewesen. »Nein«, kontert der Ankläger, »er ist keine Ratte, er ist ein Hase. Bei allen Antworten setzt er zum Zickzackkurs an«.

Und damit trifft Gasser den Nagel auf den Kopf. Der Angeklagte wirkt selbstsicher, manchmal an der Grenze zur Arroganz. »So nicht, Herr Doktor Haas«, wirft er dem Richter mehrmals hin. Er ist blitzschnell im Denken und wittert sofort eine mögliche Falle. Dann lenkt er ab und verliert sich in unverbindlichem Plaudern über unnötige Details und gewinnt dadurch Zeit. Er ist dünnhäutig. Über seine nachgewiesenen Straftaten will er nicht reden. »Wie oft soll ich mich denn noch schuldig bekennen?«, schnauzt er das Gericht unwirsch an. Und er hat sich die Latte hoch gelegt: »Wenn Sie mich auch nur bei einer einzigen Lüge erwischen, dann verurteilen Sie mich«, wendet er sich siegessicher an die Geschworenen. Er darf sich keinen schwerwiegenden Fehler erlauben, keinen einzigen. Unterweger weiß das und er kämpft mit vollem Einsatz und mit voller Konzentration. Eben wie einer, der mit dem Rücken zur Wand steht und im Angriff seine letzte Chance sieht. Sein lautes »Nicht schuldig!« an keinem einzigen der elf angeklagten Frauenmorde, das ist sein Credo für diesen Prozess. Sein verblüffendes Angebot an die Laienrichter: »Ich möchte es mit Ihnen so haben wie in einem Kaffeehaus.« Doch so ein Ansinnen irritiert und geht ins Leere. Vielleicht bevorzugt Unterweger eine derart gemütliche Atmosphäre, nicht aber die Geschworenen. All seine Versuche, sich mit treuherzigen Blickkontakten und charmantem Lächeln den Richtern zu nähern, schlagen fehl. Seine plumpe Anbiederung wird ignoriert. Ein Schwurgericht ist eben kein Kaffeehaus.

Macht über Leben und Tod

Mit Hochspannung wird Gregg O. McCrary im Zeugenstand erwartet. Spezialagent des FBI, Psychologe und Verbrechensanalytiker. Der Experte für Serienmörder schlechthin. Tausende Gewaltverbrechen hat er weltweit untersucht und den Schwerpunkt seiner Forschung auf die genaue Analyse von Morden gelegt, bei denen es kein Tatmotiv zu geben scheint. Er hat auch die elf Morde im Fall Unterweger analysiert. »Man kann den Abdruck einer Persönlichkeit genauso untersuchen wie die Linien eines Fingerabdruckes.«

Der Experte spannt den konkreten Bogen, er fädelt die einzelnen Morde dieser Serie auf und hängt sie zusammen. »Es beginnt schon bei der Auswahl der Opfer, ein Täter kann sich jeden auswählen. Bei dieser Mordserie hat der Täter elf Frauen, elf Prostituierte von der Straße ausgesucht.« Dann entscheidet der Täter, auf welche Weise er töten will: erschießen, erstechen, erschlagen, erwürgen. Es gibt viele Möglichkeiten. »Doch in den vorliegenden Fällen hat der Täter mit einem Kleidungsstück seine Opfer erdrosselt.« Dann entscheidet der Täter, wie er die Leiche zurücklässt. Vergräbt er, versteckt er seine Opfer, verstümmelt er sie? »Bei allen in Frage kommenden Verbrechen hat der Täter seine Opfer einfach liegen gelassen und nur oberflächlich bedeckt.« Die Schlussfolgerung des FBI-Experten: »Diese Mordserie ist einzigartig. Wenn man nachweisen kann, dass ein Täter einen Mord in Serie verübt hat und wenn man weiter nachweisen kann, dass derselbe Täter sich zur Tatzeit nahe der anderen Tatorte aufgehalten hat, dann ist die Wahrscheinlichkeit sehr hoch, dass dieser Mann alle elf Morde begangen hat.«

Jack Unterweger wird auffallend blass. »So eine Frechheit«,

zischt er McCrary zu, häufig schüttelt er den Kopf, auch bei den weiteren Schilderungen des Psychologen.

Oft wollen solche Täter »Macht und Kontrolle über Leben und Tod« anderer ausüben, »das ist aufregend und erregend für sie«. Doch nicht immer wird so ein Verbrecher nach dem völlig gleichen Schema morden. »Er probiert aus. Er sticht vielleicht auch einmal zu. Gefällt ihm das nicht, macht er das nächste Mal etwas anderes.« Nicht die Bedeutung einer von vielen Handlungen sei entscheidend, sondern die Gesamtheit der Umstände. »Wir müssen die Dynamik verstehen, nur dann können wir die Verbrechen miteinander in Verbindung setzen.« Zu dieser Dynamik gehört auch, dass Serienmörder häufig die Nähe zur Polizei suchen. »Sie schalten sich in die Ermittlungen ein und interviewen die Beamten. Sie zeigen auch ein ausgeprägtes Interesse an Medien, das stärkt ihr Machtgefühl, wenn über ihre Taten berichtet wird.«

Woher der Psychologe das so genau wisse?

»Aus vielen Gesprächen mit Serienmördern.«

Unterwegers Blick wird starr und geht ins Leere, zu den Ausführungen McCrarys will er nichts mehr sagen.

Bei einer anderen Aussage eines Mordgruppenleiters hat er jedoch ganz kurz die Kontrolle über sich verloren. Mit blutleeren, schmalen Lippen wirft er mehrmals die Füllfeder auf den Tisch und knallt eine Mappe hinterher. Dann mault er zum Zeugen, »kana waß wos, kana siecht wos, aber i bin der Mörder. Phh«.

Schon Tage zuvor haben Schweizer Gutachter Unterwegers Verteidigungsstrategie heftig ins Wanken gebracht: Der Mikrobiologe Walter Brüschweiler konnte eindeutig nachweisen, dass rote und grüne Fasern von Unterwegers Kleidung am Vorarlberger Tatort und auf dem Opfer gefunden wurden.

Und der DNA-Experte Richard Dirnhofer identifizierte schließlich ein Haar in Unterwegers Pkw, das »mit praktischer Gewissheit« vom Kopf des ermordeten tschechischen Opfers stammte. Der Angeklagte hat bekanntlich nicht nur die Taten, sondern auch jeglichen Kontakt mit den Opfern vehement bestritten.

Schuldig in neun Fällen

Mit einem langen Schlusswort wendet sich Jack Unterweger nach 31 Verhandlungstagen an die Geschworenen. »Ich habe früher wie eine Ratte gelebt«, betont er noch einmal, »ich war ein primitiver Häftling, der mehr gegrunzt als gesprochen hat. Ich habe mit und von der Lüge gelebt«. Immer wieder beteuert er seine Unschuld. »Ich war nach der Entlassung aus Stein ein gierig fressendes Individuum voll Hunger nach Leben, dem es ein Glücksgefühl bereitet hat, wenn Prominente an seinem Tisch Platz nahmen … ich hätte demutsvoller sein sollen, bescheidener.« Und ein letzter Appell, bevor sich die Geschworenen zur Beratung zurückziehen: »Ich rechne mit meinem Freispruch, denn ich bin nicht der Täter, ich bin unschuldig. Danke!«

Exakt acht Stunden und 50 Minuten brauchen die Laienrichter für ihren Wahrspruch: Mit 6:2 Stimmen ist der Angeklagte schuldig wegen Mordes in neun Fällen, Freispruch in jenen beiden Fällen, bei denen man wegen der starken Verwesung keine Todesursache mehr feststellen konnte. Lebenslange Freiheitsstrafe. Er meldet Nichtigkeit und Berufung an. Sechs Stunden später, gegen drei Uhr früh des 29. Juni 1994, wird Jack Unterweger in seiner Zelle erhängt aufgefunden. Das Urteil wird nie rechtskräftig.

Post Scriptum

Für seine Verteidigung hat Jack Unterweger zwei Rechtsanwälte beauftragt: Georg Zanger, einen Medienexperten aus Wien, und den gewieften Strafverteidiger Hans Lehofer aus Graz. »Ein paar Wochen vor dem Prozess hat er mich im Zellenhaus angesprochen«, erzählt Lehofer, »ich habe mir das Ganze lang durch den Kopf gehen lassen, war ich doch damals von Unterwegers Unschuld überzeugt. Nach einigem Zögern habe ich schließlich zugesagt«. Darauf saß Lehofer jeden Tag stundenlang mit seinem Mandanten zusammen, immerhin mussten elf angeklagte Morde besprochen und mögliche Schwächen der Anklage herausgearbeitet werden. Am Wochenende vor dem Prozess war der Anwalt jedoch unauffindbar: Der glühende Wagnerianer besuchte zuerst in Budapest eine Aufführung des »Parsifal«, am nächsten Abend war er in der Wiener Staatsoper, um dort das gleiche Stück zu hören. Mit diesem geballten, geistigen Unterfutter fühlte sich Lehofer gewappnet für den Aufsehen erregenden Prozess. Schlaflose Nächte hatte er viele, »du denkst Tag und Nacht an nichts anderes, nur an diesen Fall. Das geht gar nicht anders«. An Jack Unterweger entdeckte Lehofer in diesen Wochen viele Gesichter: »Er konnte von einer Sekunde auf die andere von Lachen auf Weinen umschalten. Augenblicklich drehte er sich um 180 Grad. So einem Menschen bin ich vorher noch nie begegnet.«

Plötzlich, mitten im Prozess, der Umschwung: Lehofer wollte gerade eine Suppe essen, buchstäblich blieb ihm der Löffel im Mund stecken. »Ja, auf einmal wusste ich es: Der Unterweger war's. Er ist ein Mörder. Er hat Frauen getötet. Dieses Gefühl ist mir richtig eingeschossen.« Allerdings ist sich Lehofer nicht sicher, ob Unterweger tatsächlich genau diese neun Frauen ermordete, für die er schuldig gesprochen wurde. »Es kann auch sein, dass noch andere Morde auf sein Konto gehen, wir wissen das nicht«, *lässt der Verteidiger kryptisch diese Frage offen. Und der Anwalt hat auch seine eigene These über die letzten Stunden von Jack Unterweger.* »Er hat immer gesagt: Wenn er verurteilt wird, bringt er sich um. Ich glaube, dass ihn nach dem Urteil das Schreien seiner Opfer verfolgt hat. Er hat ihre Gesichter noch einmal gesehen und in seiner letzten Stunde haben sie über ihn triumphiert, weil er nicht freigesprochen wurde. Daran glaube ich fest.«

Hans Lehofer hat mehrere Jahre danach keinen Mordprozess mehr übernommen, »dieser Fall hat mir für längere Zeit gereicht«.

Das Phantom ging in die Falle

Vier Jahre lang erschütterte eine Bombenserie die Republik in ihren Grundfesten: Heimtückische Briefbomben und Sprengfallen töteten und verletzten zahlreiche Menschen. Franz Fuchs, ein Einzeltäter, wird geschnappt.

In einem spannenden Match im Fernsehen gelingt gerade *Manchester United* der Führungstreffer gegen *Juventus Turin*, als im südsteirischen Gralla eine ganz andere Dramatik das Leben mehrerer Menschen durcheinander wirbelt: Zwei junge Frauen fühlen sich in ihrer Wohnstraße von einem Unbekannten in einem weißen Auto hartnäckig verfolgt. Immer wieder steht ein Mitsubishi Lancer in ihrer Nähe und blinzelt sie mit der Lichthupe an. »Wir wussten nicht, was der Mann von uns wollte, wir kannten ihn nicht«, erzählt eine der beiden später, »deshalb haben wir die Gendarmerie verständigt«. Zwei diensthabende Beamte nähern sich daraufhin dem weißen Auto. Mit einer Stabtaschenlampe klopft einer der Gendarmen an das Seitenfenster und leuchtet in das Wageninnere. »Grüß Gott, Lenker- und Fahrzeugkontrolle.« Die beiden wollen den Mann im Grunde nur fragen, warum er sich so auffallend benimmt und zwei Frauen mit Lichtsignalen belästigt. »Sie wollen meine Papiere sehen, oder?«, fragt der Lenker ruhig und steigt aus. »Ja«, nickt der Beamte. Etwas »Längliches« hält der Unbekannte in einer Hand. Plötzlich reißt er diese Hand in die Höhe, ein Sprengkörper detoniert, ein greller Lichtschein, ein ohrenbetäubender Knall. Ein Gendarm wird im Gesicht, an Armen und Beinen verletzt, der andere kommt mit leichteren Wunden davon. Der Autolenker flüchtet Richtung Acker, die Beamten hetzen hinterher, vor einem Haus bricht der Flüchtende zusammen. Die Gendarmen wollen ihm Handschellen anlegen – und erstarren: Der Mann hat keine Hände mehr, nur blutende Klumpen hängen an seinem Körper. Franz Fuchs, 48, das fieberhaft gesuchte Bombenhirn, ist gefasst. Mit einer seiner Höllenmaschinen hat er sich selbst die Hände weggesprengt.

Einige Tage später erklärt er dem Grazer Untersuchungsrichter

Erik Nauta seine damalige Verfassung: »Ich hatte die Absicht, mir den Schussapparat an das Brustbein anzusetzen, um mir das Leben zu nehmen. Dazu kam ich aber nicht mehr ... Während ich davonlief, merkte ich, dass mir die Beamten folgten. Ich wollte solang laufen, bis ich durch den Blutverlust zusammenbreche. Ich habe gemerkt, dass mir bereits die Kräfte ausgingen ... Ich wollte eigentlich nur sterben und ich hoffte, dass mich die Beamten von hinten erschießen würden.« Fuchs war der festen Überzeugung, dass er in eine Falle der Ermittler gegangen war. Denn an diesem Tag – dem 1. Oktober 1997 – trat in Österreich die Rasterfahndung in Kraft und »deshalb habe ich noch besser aufgepasst als sonst. Da war ein Rauschen im Maisacker, ich dachte, ich bin umstellt. Ich glaubte, in diesem Auto waren Polizeispitzel und mit den Lichtzeichen wollte ich zu verstehen geben, dass ich das erkannt habe. Ich hatte an diesem Tag mehr Angst als sonst, da ich davon ausging, dass mich die Ermittler mit der Rasterfahndung finden könnten«. Tatsächlich hatte die Taktik der Exekutive endlich den ersehnten Erfolg.

Verheerende Blutspur

Fast vier Jahre lang agierte dieser Mann als Phantom und galt als Staatsfeind Nummer eins. Fast vier Jahre hatte man den Eindruck, als ob er die Ermittler scheinbar ohnmächtig vor sich hertreiben konnte.

Franz Fuchs hat eine verheerende Blutspur quer durch das Land gezogen: 1993 die erste Briefbombenserie, der Hartberger Pfarrer August Janisch war sein allererstes Opfer. Wiens Altbügermeister Helmut Zilk sollte folgen, auch die ORF-Redakteurin Silvana Meixner, die Moderatorin Arabella

Kiesbauer oder die Flüchtlingshelferin Maria Loley. Anschläge mit Sprengbomben hinterließen bei den Opfern schwerste Verletzungen, im August 1994 riss es dem Klagenfurter Polizisten Theodor Kelz beim Entschärfen eines Sprengkörpers beide Hände weg.

Im Februar 1995 schließlich der folgenschwerste Anschlag: In Oberwart tötete eine Rohrbombe vier Roma, die eine Tafel mit der Aufschrift »Roma, zurück nach Indien« von der Straße räumen wollten. Einen Tag später explodierte eine weitere Bombe in Stinatz und verletzte einen Mitarbeiter des Umweltdienstes an der Hand. In einer leeren Dose Katzenfutter war eine der heimtückischen Fallen eingebaut, beim Entsorgen ging der unscheinbare Behälter in die Luft. Eine Briefbombe an Lotte Ingrisch, der Stiefmutter des damaligen Innenministers Caspar Einem, wurde rechtzeitig entdeckt. »Bei Lotte Ingrisch war verlockend, dass der Innenminister ihr Stiefsohn war«, sagte Fuchs auf die Frage, warum gerade diese Schriftstellerin Empfängerin einer Briefbombe wurde. »Es war so gemeint, dass der Eindruck entsteht, dass Minister Einem nicht einmal seine eigene Mutter schützen kann«.

Und immer die so genannten »Bekennerschreiben« einer dubiosen »Bajuwarischen Befreiungsarmee« (BBA): In zahllosen Briefen an verschiedene Empfänger wurden die Exekutive bloßgestellt und Politiker verhöhnt. Besonders im Visier hatte Fuchs den damaligen Bundeskanzler Franz Vranitzky und die Minister Erhard Busek und Rudolf Scholten. Die genannten Politiker waren – aus der Sicht von Franz Fuchs – im Wesentlichen verantwortlich für die vermeintliche »Diskriminierung der deutsch-österreichischen Volksgruppe. »Wir wehren uns!«, hieß es in den Texten, unterzeichnet wurde oft mit »Graf Ernst Rüdiger von Starhemberg«. Der Schreiber vermittelte dem Leser ein krauses, fremdenfeindliches und rassistisches Geschichtsbild, das auch von einer stark österreichtümelnden Denkweise geprägt war. Über den Zweck der Bekennerschreiben hat Franz Fuchs in einer Einvernahme gesagt: »Die Schreiben sollten gefährlich klingen und Angst machen. Es geht aber nicht unbedingt darum, dass Blut fließen soll. Die Leute sollen das Gefühl haben, dass sich auch die Polizei nicht schützen kann … und der Bundeskanzler nicht wirklich die Macht im Staat hat. Es ist mir auch darum gegangen zu zeigen, dass es die Österreicher nicht erst seit 1945 gibt, sondern schon seit 2000 Jahren … Im Jahr 9 vor Christus sind die Markomannen erstmals nach Nordösterreich gekommen und da hat sich einer hingestellt und gesagt: Da ist Osterike. Es ist wohl ausreichend erwiesen, dass die vor den Slawen da waren, zu dieser Zeit hat noch keiner gewusst, dass es überhaupt Slawen gibt.«

Er allein beherrschte alles

Doch ist Franz Fuchs, dieser unauffällige Vermessungstechniker aus Gralla, tatsächlich der Einzeltäter, der Österreich jahrelang mit seinem Terror in Atem gehalten hat? Der Grazer Staatsanwalt Johannes Winklhofer sagt eindeutig ja: »Franz Fuchs ist die BBA und die BBA ist Franz Fuchs. Er ist ein wirklich außergewöhnlicher Mensch, nichts an ihm ist durchschnittlich: Er ist außergewöhnlich ehrgeizig, außergewöhnlich intelligent und einzigartig in seiner Arbeit. Er allein beherrschte alles: die Bomben, den Sprengstoff, die Chemie, die Elektronik, die Geschichte und die Politik. Er brauchte dazu keine Hilfe, er machte alles selbst.« Soweit der Ankläger. Doch viele bezweifelten damals noch diese These, viele waren der Meinung, dass mehrere Täter aus der rechtsextremen Szene für die Verbrechen in Frage kommen müssen. Ein einziger Täter könne nicht gleichzeitig derart perfide und komplizierte Bomben bauen und dann wieder so genannte Bekennerbriefe schreiben, die doch von einem gewissen historischen aber auch juristischen Wissen zeugen.

Die Einvernahmen in der Voruntersuchung waren mühsam. Manchmal hat Franz Fuchs stundenlang geschwiegen, dann verliert er sich in Kleinigkeiten, die mit den konkreten Fragen des Richters nichts zu tun haben. Aus dem Protokoll: »Auf die Frage, nach welchen Kriterien die BBA ihre Opfer aussuchte, könnte ich sagen: Ich kann die Frage nicht beantworten. Ich beantworte sie aber dahingehend, dass ich sage: Ich beantworte sie nicht. Und zwar deshalb, weil ich auch alle weiteren Fragen nicht mehr beantworte.« Andererseits scheint es Franz Fuchs zu genießen, seine fachliche Überlegenheit gegenüber den Ermittlern immer wieder unter Beweis zu stellen. So wurde er gefragt, auf welche Weise man Briefkuverts von verräterischen Gerüchen befreien könne. »Da kann der Wuffi ruhig schnüffeln«, lacht er amüsiert auf. Polizeihunde konnten tatsächlich keine verwertbaren Spuren auf den Briefen oder Bomben finden.

Mit zwölf Gutachten aus den verschiedensten Fachgebieten hat die Staatsanwaltschaft ihre Anklage untermauert, man will von vornherein jedes Risiko einer möglicherweise fehlerhaften Untersuchung vermeiden. Auf 217 Seiten listet der Ankläger die Taten des Franz Fuchs auf, neben dem schwersten Delikt – vierfacher Mord – sticht noch ein anderes Verbrechen hervor, ein Paragraf, der in Österreich bis dato noch nie verhandelt wurde: das Delikt »Nötigung der Bundesregierung« (ein bis zehn Jahre Haft). Der Ankläger geht dabei von folgender Überlegung aus: Fuchs wollte mit seinen Terroranschlägen erreichen, dass die Regierung entweder zurücktritt oder ihre Ausländerpolitik ändert. So steht es immer wieder sinngemäß in den Bekennerschreiben. Ob der Angeklagte zu diesem Vorwurf überhaupt Stellung nehmen wird, ist vor Beginn der Hauptverhandlung völlig offen. »Wenn alles ein bisschen im Dunkeln bleibt, ist das besser für meine Sache«, hat er in einer Einvernahme gesagt, »es soll ein gewisser Mythos zurückbleiben«.

»Es lebe die BBA!«

2. Februar 1999. Im Großen Schwurgerichtssaal des Straflandesgerichts Graz ist man für den Prozess gerüstet. Es gibt Sicherheitsmaßnahmen, wie sie noch kein Gericht in diesem Land treffen musste. Vier Jahre Bombenterror, gerafft in ein paar Wochen Verhandlung. Das ist die Dimension eines Prozesses, der schon im Vorfeld gewohnte Normen gesprengt hat. Fotografen und Kameraleute sichern sich die besten Plätze um Punkt neun Uhr, soll die Verhandlung beginnen. Plötzlich und völlig unerwartet schneidet eine laute Stimme durch den Saal. Man versteht kaum Konkretes, nur Wortfetzen, nur »BBA, nein danke!«. Man weiß nicht, ob die Stimme aus dem Lautsprecher kommt oder ein Tonband läuft. Wer redet überhaupt und warum? Man sieht durch die vielen Fotografen nicht zur Anklagebank, man hört nur das hundertfache Klicken der Kameras und auf einmal weiß man: Franz Fuchs! Das ist er!

Er redet nicht, er schreit, er bebt. »Es lebe die deutsche Volksgruppe! Es lebe die BBA! Ausländerblut, NEIN DAN-KE!« Er schreit, so laut er kann, gerade, dass ihm die Stimme nicht versagt. Beim Einatmen, beim Ausatmen. »Reinrassige Tschuschenregierung, NEIN DAN-KE! Deutschfeindlicher Rassismus, NEIN DAN-KE!« Alles starrt zu diesem Mann auf der Anklagebank. In einer grauen Anstaltshose ist Franz Fuchs in den Saal gebracht worden, ein blaues Hemd trägt er und darüber einen grauen Pullover, der seine Armstumpen verbirgt. Immer wieder hebt sich sein Brustkorb, »deutschfeindlicher Rassismus, NEIN DAN-KE!«.

Endlich kommt das Geschworenengericht, und der vorsitzende Richter Heinz Fuhrmann versucht es ein erstes Mal: »Herr Fuchs, bitte würden Sie Ihr Verhalten kurz einstellen. Herr Fuchs ...«

»Verschwendung des Lebensraumes an fremde Populationen, NEIN DAN-KE!«

»Herr Fuchs, Sie haben ...«

»Demütigung der deutschen Volksgruppe, NEIN DAN-KE! Synagogen statt Kirchen, NEIN DAN-KE!«

Der Richter lässt ihn abführen. Eine leise Berührung an seinem Oberarm durch die Justizwache genügt, sofort steht er auf und lässt sich aus dem Saal bringen. Kaum ist er draußen, verstummt er. Eine kurze Atempause. Die Geschworenen nehmen Platz.

Franz Fuchs wird erneut in den Saal gebracht. »Scholten, Vranitzky, Busek, NEIN DAN-KE!«

Richter Fuhrmann versucht es erneut: »Ich eröffne die ...«

»Ausländerflut, NEIN DAN-KE!«, kommt es schrill zurück.

»Duldet, schimpft und gehet unter, statt wachset und vermehret euch – NEIN DAN-KE!«

»Herr Fuchs ...«

»Moscheen in Österreich statt Kirchen in der Türkei, NEIN DAN-KE!«

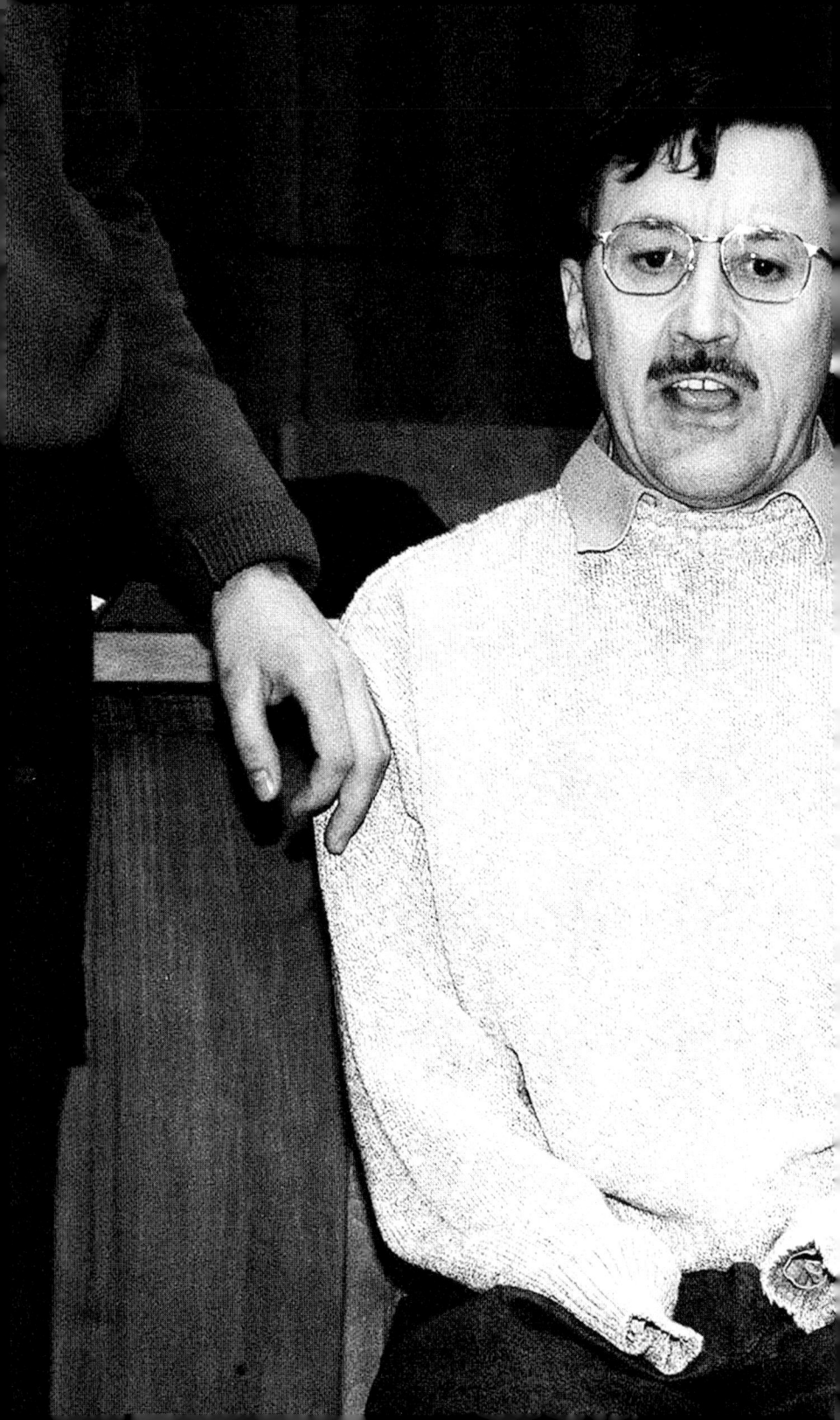

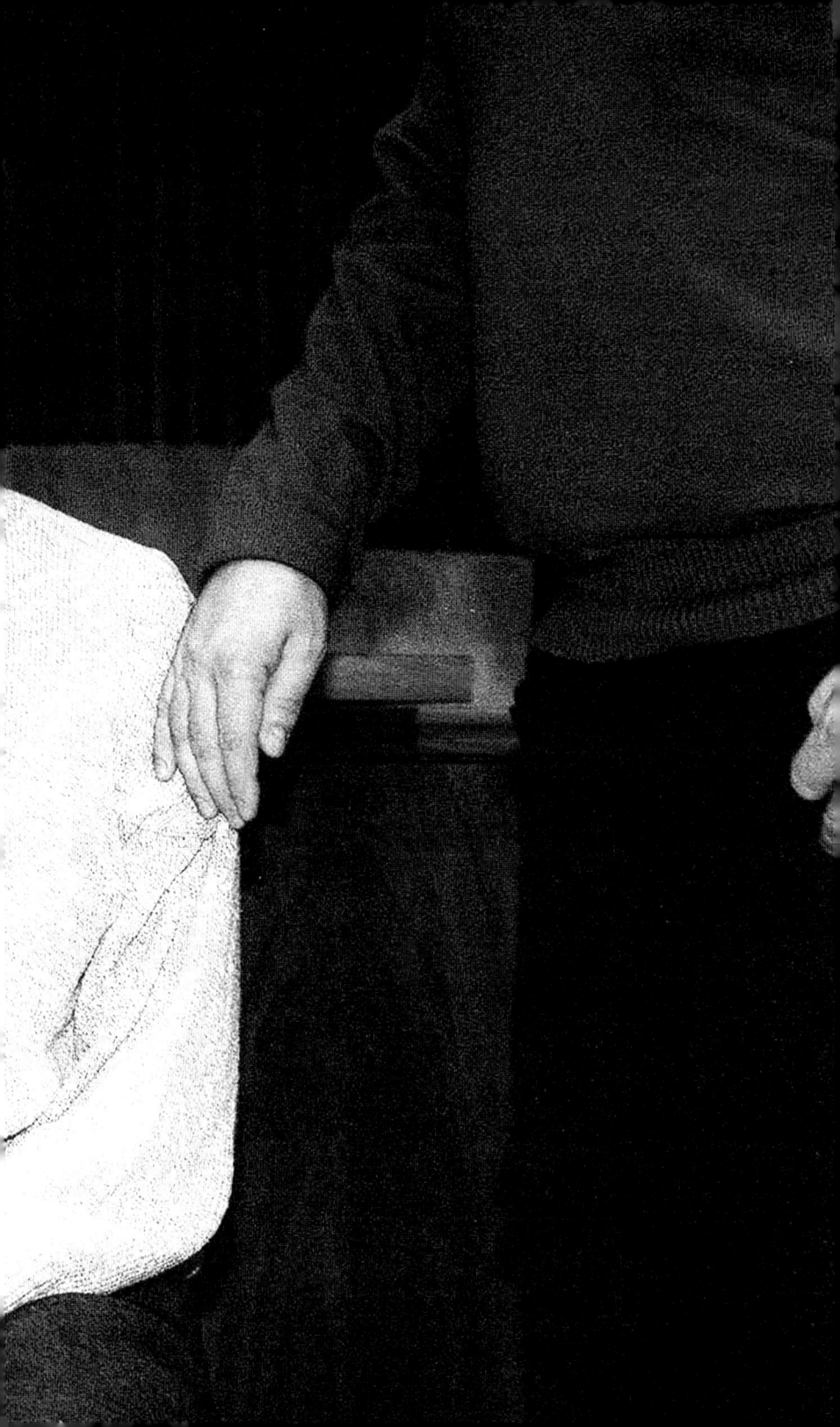

Noch einmal probiert es der Richter: »Herr ...«
»Umvolker, Völkermörder, NEIN DAN-KE!«, bekommt er zur Antwort.
Abführen.
Gespenstisch und beklemmend sind diese ersten Minuten des Prozesses. Ein Kranker, ein Verrückter, ein jämmerlich wütendes Bündel Mensch, das mit seinen Stumpen hilflos herumrudert? Blass, zitternd, schwitzend, wie es der Arzt diagnostiziert? Oder alles nur Schauspiel, Schmierenbühne, simples Theater?
»Verspottung der Blondinen, NEIN DAN-KE!«
Staatsanwalt Johannes Winklhofer sagt es den Geschworenen auf seine trockene Weise: »Meine Damen und Herren, Sie haben Herrn Fuchs jetzt gesehen. Das ist die BBA.«

Er will keinen Prozess

Keinen einzigen Verhandlungstag wird der Angeklagte miterleben, mit seinem Schreien erreicht er genau das, was er erreichen will: Solang stören, bis er weggebracht wird. Franz Fuchs will diesen Prozess nicht, schon in der Voruntersuchung hat der Untersuchungsrichter festgehalten, dass Fuchs seine Opfer nicht sehen will. Hält man ihm die Bilder hin, hört er sofort zu sprechen auf, wendet sich ab und wird aggressiv. Und öffentlich will er sich schon gar nicht seiner Verantwortung stellen und noch weniger mit den trauernden Angehörigen oder den überlebenden Opfern konfrontiert

Vorhergehende Doppelseite – Franz Fuchs am 2. Februar 1999 im Schwurgerichtssaal des Grazer Straflandesgerichts: »NEIN DAN-KE!«

werden. Zum Beispiel mit Theodor Kelz, dem Klagenfurter Polizeibeamten, dem eine Sprengbombe beide Hände weggefetzt hat.
Zum ersten Mal in diesem Prozess wird der Terror unmittelbar greifbar. Zum ersten Mal in diesem Prozess spürt man hautnah, wie viel Leid und Schmerz mit den perfiden Höllenmaschinen verbunden sind.
Theodor Kelz wird aufgerufen und anfangs wirkt er noch ruhig und gefasst. Er nimmt Platz und legt seine künstlichen Hände auf den Tisch. »Hohes Gericht, liebe Geschworene, es war am 24. August 1994 gegen 0.20 Uhr …«
Minutiös lässt der Kärntner die Erlebnisse der schrecklichen Nacht Revue passieren. Er erzählt, wie er als »sachkundiges Organ« der Polizei von den Kollegen verständigt wurde, um einen Gegenstand zu begutachten. »Zu diesem Zeitpunkt war die Gefährlichkeit in keiner Weise erkennbar«, betont Kelz. Der Inhalt des Plastikrohrs war nicht feststellbar, deshalb entschloss sich der Beamte, zum Flughafen zu fahren und den Gegenstand durch die Röntgenstraße laufen zu lassen. Dort löste er einen Stutzen und eine »dunkelfarbige, erdfeuchte Masse, zirka vier Kilo, floss heraus. Ich machte eine Abbrandprobe, nichts passierte, nichts deutete auf Sprengstoff hin«.
Beim ersten Durchlauf durch die Röntgenschleuse war nur ein dunkler Kegel sichtbar, keine Verdrahtung, keine Elektronik, nichts.
»Ich legte das Rohr noch einmal auf die Rollen – und in diesem Moment ging es los. Ein irrsinniger Knall, eine Stichflamme – ich wurde gegen die Wand geschleudert und fiel auf den Boden. Ich konnte nichts mehr sehen.«
Kelz stockt. Er sucht nach Worten für den Schrecken, den

Schmerz, den Schock. »Um Gottes willen, dachte ich mir in diesem Augenblick, jetzt sind meine Hände ...«
Seine Stimme versagt endgültig. Er kämpft mit den Tränen.
»Herr Kelz«, sagt Richter Fuhrmann, »lassen wir das besser. Wir können Ihre Aussage auch verlesen«.
»Nein, nein«, wehrt er ab, »es geht schon wieder«. Es geht nicht. Fast verschämt wendet er sich vom Richter ab, hält sich eine Hand vor das Gesicht, wischt die Tränen weg.
Richter: »Herr Kelz, Sie müssen nicht weitererzählen, hören wir auf.«
Doch der Polizist bittet darum, noch ein »kleines Statement« abgeben zu dürfen. »Wenn der Kollege Knaller nicht gewesen wäre, würde ich heute nicht vor Ihnen stehen, er hat mir das Leben gerettet. Und ich möchte allen, meiner Familie, danken, die mir in dieser schwierigen Phase ...« Aus. Die Erinnerung lähmt den Zeugen, er geht nicht, er hastet aus dem Saal.

Sein Lebensretter Hermann Knaller schildert noch die »nicht schönen Augenblicke meines Lebens«, wie ihn die Wucht der Detonation in die Vorhalle schleuderte, wie Teile der Decke auf ihn stürzten. Und wie er seinen Kollegen auf dem Boden liegen sah: »Mit ausgestreckten Armen, beide Hände weg.« Mit einer Schnur band der Polizist dem lebensgefährlich verletzten Beamten die Arme ab und rettete so dessen Leben.

Ein Versager im praktischen Leben

Was aber ist das für ein Mensch, der für so viele andere zum Schicksal wurde und das Leben so vieler anderer von einem Augenblick zum nächsten völlig veränderte? Ein hochintelligenter Querulant, eigenbrötlerisch, selbstgerecht, arrogant und Frauen gegenüber verklemmt. Er soll höchste technische Begabungen besitzen, jedoch im praktischen Leben zu den Versagern zählen. »Bei mir brauchen S' nicht mit der betrunkenen Großmutter oder einer schlimmen Kindheit anfangen«, ließ Fuchs den renommierten Psychiater Reinhard Haller während eines von vielen Gesprächen wissen, »ich will dieses Gequatsche nicht«.

Haller suchte dennoch nach der symbolischen Großmutter. Franz Fuchs wurde 1949 in ein fleißiges, aber nicht begütertes Elternhaus hineingeboren. Nach Intervention seiner Lehrer durfte er ein Gymnasium besuchen. »Unter Söhnen und Töchtern von Hofräten und Doktoren bauten sich erste Minderwertigkeitskomplexe auf.« Fuchs reagierte mit »Qualitätsehrgeiz«, mit Leistung. Gleichzeitig die Isolierung, der Beginn des Eremitendaseins. Er brach sein Studium der Theoretischen Physik ab, wurde Fließbandarbeiter in Deutschland. Türkische und jugoslawische Kollegen wurden befördert, er nicht. »Fuchs war der Überzeugung, dass Ausländer im Inland keine Rechte haben dürfen.« Rückkehr nach Gralla. Selbstmordversuch. Gescheiterte Frauenkontakte. »Er hatte Angst vor gleichwertigen Sexualpartnern, er ist leibfeindlich, niemand durfte ihm zu nahe kommen. Weder innerlich noch äußerlich. Er war nie gruppenfähig.« Haller attestiert dem Angeklagten eine »kombinierte Persönlichkeitsstörung mit schizoiden, paranoiden und fanatischen Zügen«. Die Puzzlestücke: »Übertriebene Empfindlichkeit bei Rückschlägen, Neigung zu ständigem Groll, er projiziert seine Aggressionen auf andere.« Zur Frage der Zurechnungsfähigkeit: Während des gesamten Tatzeitraums war er zurechnungsfähig, ab Ende 1996 kam es jedoch zu einer Wahnentwicklung, »seit damals ist Franz Fuchs nicht mehr zurechnungsfähig. Dieser Fanatismus ist noch immer massiv in ihm vorhanden«. Und: Er ist chronisch selbstmordgefährdet.

Die Todesstunde der BBA

Der letzte Akt beginnt am 9. März 1999 um Punkt acht Uhr: Die Berufsrichter haben fast 200 Fragen für die Geschworenen vorbereitet. Für sein Schlusswort wird Franz Fuchs zwar vorgeführt, aber niemand rechnet mit ernsthaften Sätzen, die der Angeklagte den Geschworenen noch mit auf den Weg in die Beratung geben will. »Rot ist das Ende der Deutschen«, brüllt er seinen Richtern entgegen. Abführen.
Mitten in der Nacht um 3.16 Uhr wird das Urteil im Gerichtssaal verkündet: Schuldig in allen wesentlichen Punkten, lebenslange Freiheitsstrafe und Einweisung in eine Anstalt für geistig abnorme Rechtsbrecher. Fuchs selbst erfährt von seiner Verurteilung am nächsten Tag in seiner Zelle. Noch einmal, ein letztes Mal, hat er laut »Es lebe die BBA!« geschrien. Mit ihrem Urteilsspruch haben die Geschworenen eine klare Antwort gegeben: Dieser Mann hat als Einzeltäter die größte Terrorwelle in der Nachkriegszeit zu verantworten, er war es, er ganz allein. Mit dem Schuldspruch schlug auch die Todesstunde der BBA, der »Bajuwarischen Befreiungsarmee«, dem Hirngespinst des Franz Fuchs. Er allein – so dachte er – kann wenig bewirken. Wenn er sich aber zu einer Armee, zu einer gefährlichen Kampftruppe multipliziert und mit tödlichen Bomben seine Ideen unterstreicht, dann zittert das Land. Für eine Zeitlang ist die Rechnung tatsächlich aufgegangen.
Auf ein Rechtsmittel wird verzichtet.
Einige Wochen nach dem Urteil wird Franz Fuchs in eine

behindertengerechte Zelle in die Justizanstalt Graz-Karlau überstellt. 15 Quadratmeter groß, möbliert mit Kasten, Bett, Tisch und Sessel. Als ruhig wird er beschrieben, als teilnahmslos, anspruchslos, er liest nichts, keine Zeitungen, keine Bücher. Er sitzt an seinem Tisch und schaut. Seine Familie will ihn einmal besuchen – das lehnt er ab.

Knapp ein Jahr später, am 26. Februar 2000 setzt Franz Fuchs seinem Leben ein Ende. Mit dem Kabel seines Rasierapparats erhängt er sich in seiner Zelle. Er hat selbst bestimmt, wie lang die lebenslange Strafe für ihn dauern wird. Exakt geplant, wie alles, bis zu seiner letzten Minute.

Post Scriptum

Wie ein Blitz aus heiterem Himmel hat die Anschlagserie die österreichische Exekutive getroffen. Auf ein Verbrechen von solch komplexer Art war niemand vorbereitet, auch nicht die Politik und schon gar nicht die Bevölkerung. Da man sich zu Beginn der Terrorwelle auf die rechtsextreme Szene konzentrierte, verlief die Tätersuche bald im Sand. Neue Strukturen bei den Ermittlungen mussten geschaffen werden, eine Sonderkommission wurde gebildet und erstmals kam in Österreich ein neuer wissenschaftlicher Zweig hinzu: die Kriminalpsychologie.
Der junge Thomas Müller war soeben von seiner Ausbildung in den Vereinigten Staaten nach Wien zurückgekehrt, als die ersten Briefbomben ihre Opfer forderten. Das Wissen, das er von den erfahrensten Profilern des FBI vermittelt bekommen hatte, konnte er gleich umsetzen. Einer seiner Schlüsselsätze: Man kann niemanden abmessen und sagen, der ist 37 Zentimeter gefährlich und 45 Deka aggressiv. Die Methode: Aus allen Fakten eines Kriminalfalls könne man Rückschlüsse auf den/die Täter ziehen. Sie ändern ihre Gewohnheiten aus dem Alltag auch bei ihren Verbrechen nicht. Noch eine entscheidende Frage bestimmt das Denken eines Kriminalpsychologen: Was macht ein Täter darüber hinaus, was er zur Durchführung eines Verbrechens nicht hätte machen müssen? Der Bombenbauer zum Beispiel schrieb auf die Briefumschläge jeweils erfundene Absender – das hätte er nicht tun müssen, weil dieses Faktum mit dem Verletzen von Menschen nichts zu tun hat. Aus unzähligen einzelnen Faktoren filtert Thomas Müller ein Täterprofil heraus, das später, Ende November 1996, auch in einem Buch veröffentlicht wird: Demnach soll der gesuchte Bombenbauer ein penibler und regeltreuer Mann sein, etwa 50 Jahre alt und allein stehend. Weitere Merk-

male: katholisch, gebildet, Erfahrung mit Behörden, sprachgewandt, zynisch, historisch belesen, chemisch und technisch hochversiert. Anfangs misstrauten die Ermittler Müllers Thesen, denn noch immer vermutete man die Täter hartnäckig in der rechtsextremen Szene. Und vor allem: Die Möglichkeit eines Einzeltäters wollte so manchem Fahnder und Politiker nicht in das Weltbild passen.

Müller entwickelte eine »Stress-Strategie«, um den fieberhaft gesuchten Bombenbauer zu irritieren und zu Fehlern zu verleiten. Über Medien wurde getrommelt, dass bereits zehn Verdächtige eingekreist seien und dass mit 1. Oktober 1997 die Rasterfahndung zum Täter führen werde. Exakt an diesem Tag wurde Franz Fuchs gefasst. Was sagte er bei seiner Einvernahme? »Ich wusste, an diesem Tag werden sie mich holen. Ich hatte noch mehr Angst als sonst.«

Ein Paradiesvogel auf Witwerfang

Man nannte sie »Die Schwarze Witwe«. Mit Inseraten lockte Elfriede Blauensteiner vermögende Männer in ihr teuflisches Netz. Ein Entkommen war kaum möglich. Drei Giftmorde gehen sicher auf ihr Konto.

Über ihre Anwälte lässt sie ausrichten, sie hätte keine Angst vor ihrem Prozess.»Das Leben ist überall lebenswert, auch im Gefängnis.« Sie bekomme alles, was ihr Herz begehre, fantastisch, dieser Strafvollzug,»wunderbar ist es in der Haft«. Um sieben Uhr steht sie täglich auf, dann duscht sie und bekommt ihr Frühstück: Tee oder Kaffee, Brot, Butter, Marmelade und ein weiches Ei. Später die Freizeitgestaltung:»Tischtennis oder Übungen an den Fitnessgeräten«, tönt Elfriede Blauensteiner aus der Untersuchungshaft in der Kremser Justizanstalt. Noch wisse sie nicht, welches Kleid oder Kostüm sie für ihren ersten großen Auftritt vor Gericht wählen würde. Ein edles Stück vom *Adlmüller* hätte sie zur Auswahl oder etwas Dunkles vom *Fürnkranz*. Ihre Haare wären aber schon frisch blondiert und die Fingernägel werden noch am Sonntag, am Tag vor dem Prozessbeginn, rot lackiert. Ihre Mithäftlinge nennen sie *Elfi-Tant'* oder auch *Mutter Elfriede*. Zu Weihnachten hat sie für *Licht ins Dunkel* 1000 Schilling gespendet, das komme in der Öffentlichkeit gut an, und kürzlich wurde die Batterie ihres Herzschrittmachers ausgewechselt.

So also wird Elfriede Blauensteiner, 66, die *Schwarze Witwe*, vor die Geschworenen treten und dort mit allem Nachdruck erklären:»Ich wollte immer nur helfen, ich habe nie in Tötungsabsicht gehandelt.« Vier Wochen lang wird das Sterben des 77-jährigen ehemaligen Postamtsleiters Alois Pichler aus Rossatzbach an der Donau den Prozess im Kremser Schwurgerichtssaal beherrschen. Blauensteiner hatte den allein stehenden Niederösterreicher mit Hilfe einer Anzeige gefunden. »Witwe möchte mit verwitwetem Herrn ruhigen Lebensabend verbringen«, inserierte sie am 4. Juli 1995. 80 Herren schrieben voll Hoffnung zurück. Wegen zweier weiterer

Morde wird sich Blauensteiner Jahre später vor einem Wiener Schwurgericht verantworten müssen. Die Auswahlkriterien für die lebensfrohe Pensionistin auf Opfersuche: Vermögend mussten die Herren sein, wenige, besser: überhaupt keine Angehörigen. Möglichst alt sollten sie sein und am besten auch krank. In diesem Fall fiel die Wahl auf einen gewissen Alois Pichler. Sie blieb gleich in der ersten Nacht bei ihm und sondierte sein Vermögen: Etwa drei Millionen Schilling auf den Sparbüchern, kleines Haus mit Garten. Sechs Wochen später war der Pensionist tot, 1,2 Millionen Schilling fehlten von den Konten und sein Testament war mit Hilfe ihres damaligen Rechtsanwalts zu ihren Gunsten gefälscht. Der Anwalt muss neben Blauensteiner auf der Anklagebank Platz nehmen.

Unrühmliches Spektakel

Die sieben Todsünden prangen als mehrere Meter hohe Fresken von den Wänden. Die Eitelkeit, die Hoffahrt, die Trägheit, der Neid, der Geiz, der Zorn und die Völlerei. Diese bedrohliche Atmosphäre begrüßt den Zuhörer im Foyer des Kremser Gerichts. Zum Bersten voll ist der Schwurgerichtssaal, das Interesse an der Angeklagten ist enorm. Plötzlich rollt ein Knäuel an Kamerateams und Fotografen heran, in der Mitte ein platinblonder Haarschopf, das muss wohl Elfriede Blauensteiner sein. »Niemals wollte ich töten«, ruft sie laut, »niemals! Gott allein wird mir glauben und Gott allein wird über mich richten«. Jedem einzelnen Fotografen hält sie ein Kruzifix vor die Linse, sie beklagt sich über die »Schmutzlawine, die Journalisten über mich geschüttet haben. Warum habt ihr das getan?«, ruft sie in die staunende Menge.

»Weil alle glauben, dass Sie eine Mörderin sind«, kommt es postwendend von einer Reporterin zurück.

Irgendwie ist man schon mitten in der Verhandlung, obwohl noch gar kein Richter erschienen ist. »Frau Blauensteiner, warum haben Sie so viele alte Menschen gepflegt?«, will ein Wiener Journalist wissen.

Sie mustert ihn von Kopf bis Fuß: »Soll ich mir einen Mann wie Sie ins Bett nehmen? Schauen Sie sich an, wie Sie ausschauen. Da nehm' ich mir lieber einen Alten und pflege ihn«, pfeffert sie zurück. Den Postmeister Alois Pichler hätte sie jedenfalls »gern gehabt«.

Warum er so eine starke Unterkühlung hatte, dass er womöglich daran starb?

»Na, mei, wird dem Burli halt kalt gewesen sein. Noch Fragen? Sonst mach' ma Schluss.«

Die *Schwarze Witwe* hält Hof wie der Bundeskanzler nach dem Ministerrat, und kein Richter hindert sie daran. Eine bisher einzigartige Entgleisung in der österreichischen Justiz.

Ja, sie heiße Elfriede Blauensteiner, bestätigt sie Richter Walter Winalek, dem Vorsitzenden des Schwurgerichtshofs, jetzt ist sie 66 Jahre alt und Witwe seit vielen Jahren. Wie ein Profi rückt sie sich das Mikrofon zurecht, alle, bis in den letzten Winkel des Schwurgerichtssaals sollen hören, was sie zu sagen hat. »Vermögen?«

Keines. »Doch«, korrigiert sie rasch, »drei Kostüme und ein Kleid«.

Kein Haus geerbt? Nichts?

Nein, kein Haus geerbt, nichts.

In ihrer letzten Kontaktanzeige hatte sie sich als »herzeigbar« gepriesen, jetzt zeigt sie sich in einem eleganten, braunen Kostüm. Von zu viel Schminke hat man ihr offenbar abgeraten, eine gewisse Blässe sei vor Gericht eher angebracht als knallrote Lippen. An ihrer Seite hat ihr ehemaliger Wiener Rechtsanwalt Platz genommen, er muss das Verbrechen des Mordes als Beitragstäter verantworten.

Habgier als Motiv

Von Staatsanwalt Friedrich Kutschera hört man Details über das Verbrechen vom 21. November 1995: »Aus reiner Habgier haben die Angeklagten beschlossen, einen alten Menschen zu vergiften und sich seiner Erbschaft zu bemächtigen.« Blauensteiner besuchte den kränklichen Alois Pichler in seinem Haus – und blieb. »Bald darauf wurde er wegen Unterzuckerung ins Spital eingeliefert«, fasst der Ankläger das nur noch kurze Leben des Mannes zusammen. Pichler durfte wieder nach Hause, er bekam ständig Medikamente von Blauensteiner verabreicht, an seinem Sterbetag waren es 20 Stück eines Antidepressivums. Dann schloss sie ihn in seinem Wohnzimmer ein, »dort taumelte Pichler herum, stürzte gegen Möbel und verletzte sich«, berichtet Kutschera. »Blauensteiner drehte die Heizung ab, öffnete in dieser kalten Novembernacht die Fenster – und wartete.« Wenige Stunden später war der Mann, Blauensteiners *Burli*, tot.

Sie rief ihren Anwalt an, gemeinsam hoben sie den Körper in die Badewanne, wuschen ihn flüchtig und legten ihn auf den Boden.

Ein gefälschtes Testament war bereits vorbereitet, etwa eine Million Schilling Barvermögen und das Haus im Wert von drei Millionen sollten in den Besitz von Elfriede Blauensteiner übergehen. Doch ein Wahlneffe des Opfers wurde stutzig und machte der Witwe einen Strich durch die Rechnung: Er alarmierte die Gendarmerie, Telefonate wurden abgehört und bald wurde sie verhaftet. Ob sie sich schuldig fühle?

»Ich und schuldig?«, fragt sie ungläubig und spitzt die Lippen, »phh, niemals«.

»Frau Blauensteiner hat ein großes Interesse an ihrer eigenen Person«, attestiert ein psychiatrischer Gutachter, »sie will bekannt sein und ihre Bereitschaft, andere Menschen zu betreuen, ist eng mit dem Wunsch nach Geltung verbunden. Sie hat das typische Helfersyndrom und war stolz, wenn ihre Schützlinge gepflegt und schön angezogen waren«. Das Gefühl, Macht zu haben, über den anderen zu stehen, hatte für die Angeklagte höchste Bedeutung – und sie hat vorübergehend viele Männer begleitet, wobei die Gründe, warum es zum Bruch gekommen ist, sehr unterschiedlich waren.

»Da war doch noch wer«, versucht Richter Winalek die Angeklagte auf die richtige Fährte zu locken.

»Noch wer?«, fragt sie erstaunt. »Ja, natürlich, der Zechner, jetzt haben wir ihn, der Zechner, schrecklich.«

Die Kurzbiografie dieses Mannes: An einem 17. Juni lernte Blauensteiner den Pensionisten kennen, am 19. änderte er zu ihren Gunsten sein Testament, am 23. schlug er sie, weil er sich von ihr bestohlen fühlte und sperrte die Sparbücher weg. Zu diesem Zeitpunkt fehlten bereits 156.000 Schilling. Am 19. Oktober starb der Mann.

»Wofür haben Sie die 156.000 Schilling bekommen?«, will der Richter wissen.

»Das war so eine Art Schmerzensgeld für die Schläge«, meint Blauensteiner.

»So viel?«, wundert sich der Richter, »das hätten Sie von einem Gericht niemals zugesprochen bekommen«.

»Was? So kleinlich seid ihr?«

»Sagen Sie, Frau Blauensteiner, nach welchen Kriterien haben Sie eigentlich die Männer ausgesucht, die sich auf Ihre Inserate gemeldet haben?«

»Wichtig für mich war die Handschrift«, erklärt sie.

»Ah so, die Handschrift«, nickt der Richter, »und weiter?«

»Dann habe ich angerufen, er musste mir schließlich sympathisch sein.«

»Und sonst? Familienstand? Vermögen? Haus? Garten? Sparbuch?«, bohrt der Richter nach.

Ein Garten, überlegt sie, wäre kein Hindernis gewesen, »ich arbeite gern im Garten, und wenn der Mann auch noch passt, bestens«.

Der nächste Schritt: Einige wenige von den hunderten Interessenten wurden besucht.

»Aber da hätte doch etwas passieren können«, denkt der Richter an seine langjährige Berufserfahrung.

»Nein, Herr Rat, die nehmen doch nicht gleich beim ersten Mal das Tranchiermesser.«

»Warum, um Gottes willen, das Tranchiermesser?«

»Na ja, warum nicht das Tranchiermesser?«

Diesen ersten Besuch, das erste prickelnde Kennenlernen und Sondieren der Vermögenslage nennt Blauensteiner »Begutachtung«. Ihre Bedingung für weitere Besuche: keine körperliche Berührung. »Ich gebe mich dem Mann nicht mehr hin, ich bin Fürsorgerin«, will sie ihre Rolle richtig verstanden wissen.

Keine arme Sünderin

Im Foyer des Gerichts bröckelt schon der Putz von den Wänden, nur jede dritte Glühbirne brennt. Düster ist dieses Haus,

nicht dunkel, düster. Arme Sünder müssen dort wohl ihren letzten Funken Mut verloren haben.
Elfriede Blauensteiner nicht. Sie ist keine arme Sünderin, ganz im Gegenteil. Der beisitzende Richter hat einmal ziemlich erzürnt zu ihr gesagt: »Frau Blauensteiner, nicht Sie stehen im Mittelpunkt des Prozesses, sondern die Frage, ob ein Mensch vorsätzlich getötet worden ist!«
Was musste der Richter mit einem vorwurfsvollen Blick von ihr hören? »Regen Sie sich nicht auf, Herr Rat, in Ihrem Alter.« Er dürfte 15 Jahre jünger sein als sie.
Doch, man kann sich diese Frau in Hochform vorstellen: Ein geputzter Paradiesvogel auf Witwerfang. Die Uhr beginnt zu ticken, wenn einer noch das Pfauenrad schlägt. Im Nu mutiert sie zum Totenvogel. Denn dass eine erhebliche Anzahl älterer Herren an ihrer Seite verstorben ist, steht fest. Das Warum und das Wie muss von der Justiz geklärt werden. Ob mit oder ohne eine Überdosis Antidepressivum, ob mit oder ohne *Euglucon,* einem Mittel, das normalerweise zuckerkranke Menschen nehmen müssen. »Mein Mann«, erzählt eine Zuhörerin, »bekommt auch täglich *Euglucon.* Aber der ist mir noch nie ins Koma gefallen, noch nie!« Ein gebrechlicher Herr mit Stock wird gefragt, ob er sich von Elfriede Blauensteiner pflegen lassen würde? Er schaut sein Gegenüber lang an. Dann sagt er: »Ha?«, und legt die Hand an seine Ohrmuschel und noch einmal »ha?«. Er versteht kein Wort, aber er ist dabei, Tag für Tag.
Einen beträchtlichen Stapel Briefe hat einer ihrer Anwälte bekommen, viele ältere Herren möchten mit Frau Blauensteiner zumindest in Briefkontakt treten. Ob diese Herren auch bedenken, dass die Überlebenschance an der Seite die-

ser Frau unter Umständen signifikant verringert sein kann? Egal. »Sie macht, was sie will, und ist schwer zu führen«, sagt der Advokat. Meist unterhält sie sich mit dem Richter, er fragt und sie plaudert. Wenn ein Thema unangenehm wird, flüchtet sie ins Ungewisse. »Könnte sein, kann mich nicht erinnern, vielleicht ja, Herr Rat, vielleicht auch nein.« Oft singt sie auch. »Ich kann's nicht wirklich sagen«, trällert sie eine Oktave lang herunter. Manchmal flötet sie und ganz selten, wenn sie die Kontrolle verliert, zischt sie.

»Warum war Herr Pichler an seinem Ende so unterkühlt?«, fragt der Richter.

»Wird ihm halt kalt gewesen sein«, bewegt sie kaum die Lippen und man kann ahnen, was in dieser Frau noch alles schlummert.

Wenn sie aber zu dick aufträgt – »Nach seinem Tod zog ich mich tief trauernd und Schmerz vergrämt in meine Wohnung zurück« –, dann lachen die Zuhörer im Gerichtssaal und rufen »ja ja, du Luder«. Das ist der Knüller in der Wachau: »Gemma Witwe schauen.« Besser als jeder Veltliner.

Starker Männerhass

Die »Lebensbeichte« der Elfriede Blauensteiner. So hat ihr mitangeklagter Anwalt ein langes Gespräch mit seiner Man-

Vorhergehende Doppelseite – Die Angeklagte Elfriede Blauensteiner am 10. Februar 1997 zu Prozessbeginn im Landesgericht in Krems:
»Wird ihm halt kalt gewesen sein«

dantin nach dem Tod von Alois Pichler genannt. In ihrer »Beichte« hätte ihm Blauensteiner eröffnet, dass sie mit Medikamenten experimentiere.

»Sie hat mir gesagt, dass sie Alois Pichler Blutzucker senkende Mittel gegeben hätte. Einmal fünf Stück, ein anderes Mal zwei. Jedes Mal kam er daraufhin ins Spital. Als ich das hörte, war ich völlig von den Socken«, erinnert sich der Ex-Anwalt vor Gericht.

Nach dem Tod des Pensionisten dachte er sich, »es liegt doch auf der Hand, dass sie ihm wieder etwas gegeben hat. Ich fragte sie: ›Gnä' Frau, hat er was gekriegt?‹ ›Nein‹, hat sie empört gesagt, ›sicher nicht‹«. Blauensteiner sprach aber nie von »Tötungshandlungen« immer nur von Medikamentengaben. Er fragte sie auch nach dem Grund ihrer »Experimente«. Sie erzählte ihm von ihrer ersten Ehe, und davon, dass ihr Mann sie betrogen und mit einem Kind sitzen gelassen hätte. »Da entstand ein ganz starker Hass auf Männer«, hätte sie zu ihrem Anwalt gesagt.

Am 7. März 1997 wird Elfriede Blauensteiner wegen des Verbrechens des Mordes an Alois Pichler schuldig gesprochen und zu einer lebenslangen Freiheitsstrafe verurteilt. Ihr ehemaliger Anwalt bekommt als Beitragstäter eine mehrjährige Haftstrafe. Die Urteile werden im Herbst 1997 rechtskräftig.

Tatwaffe Euglucon

Vier Jahre später, im April 2001, steht Elfriede Blauensteiner erneut vor Gericht, dieses Mal im Wiener Schwurgerichtssaal. »Bitt'schön«, stöhnt Richter Walter Stockhammer schon im Vorfeld zu Journalisten, »lasst mich mit dieser Witwe in Ruh'!«.

Ein Wunsch, der nicht ganz in Erfüllung gehen kann: Muss er sich als vorsitzender Richter eines Geschworenensenats doch intensiv mit »dieser Witwe« auseinandersetzen. Die Versuche der Angeklagten, beim damaligen Bundespräsidenten Thomas Klestil ein Niederschlagen ihres Verfahrens zu erwirken, schlugen fehl. Und so steht sie plötzlich mitten im Gerichtssaal. Lautlos hat sich die Tür geöffnet und Elfriede Blauensteiner, mittlerweile 70, den Weg für ihren zweiten Mordprozess freigegeben. Überrascht scheint sie zu sein von der erdrückenden Ehrwürdigkeit des historischen Gerichtssaals. Für das Foto nimmt der Anwalt noch schnell ihre Hand, lächelt und drückt sie ermutigend. So eine Geste wirkt.

»Haben Sie noch Vermögen?«, will der Richter wissen.

»Nein«, schüttelt sie langsam den Kopf, »alles weg, alles weg«. 378 Schilling monatlich blieben von ihrer Pension, den Rest bekäme ein früherer Anwalt.

»Vorstrafe?«

»Ja, Mord. Lebenslänglich. Die Sache von Krems.«

Staatsanwalt Hans-Christian Leiningen-Westerburg (übrigens der einstige Proksch-Richter) wirft der Angeklagten vor, noch zwei weitere Morde begangen zu haben. Kurz und trocken macht er das, er schmückt nichts aus, er bleibt beim Wesentlichen. »Frau Blauensteiner hat ihre Nachbarin Franziska Köberl 1992 vergiftet und zwei Jahre später den Pensionisten Friedrich Döcker. Die Tatwaffe, wenn ich so sagen kann, also die Tatwaffe war jeweils das Blutzucker senkende Medikament *Euglucon*«, präzisiert der Ankläger und ergänzt: »Wenn ein gesunder Mensch dieses Medikament in hoher Dosis bekommt, dann kriegt er zuerst Kopfweh, dann wird er verwirrt, er zittert, ihm wird schwindlig, er verliert das Bewusstsein, fällt ins Koma. Aus.« All das hätte Frau Blauensteiner aus Sicht des

Anklägers nur deshalb getan, um an das Vermögen der Opfer zu kommen. »Kaum hatte sie die Sparbücher, waren die Menschen für sie wertlos. Sie musste sich ihrer entledigen.«

»Na, kommen Sie doch her«, lädt Richter Stockhammer die Angeklagte vor das Mikrofon. »Erzählen Sie uns aus Ihrem Leben, wie war das mit ihrer letzten Ehe?«

»Nicht stürmisch«, wäre ihr Zusammenleben mit Rudolf Blauensteiner gewesen, »gar nicht stürmisch. Und gegessen hat er auch wenig«.

»Da haben Sie ihm *Euglucon* gegeben?«

»Ja, und das hat gut gewirkt, Herr Rat. Der Kaiserschmarrn hat ihm richtig gut geschmeckt.«

Das waren ihre ersten Experimente mit dem Mittel.

»Was?«, fragt sie entsetzt, » 25 *Euglucon* soll ich meinem Man gegeben haben? Da stirbt ein Mensch hinweg, da kann er nicht einmal mehr Amen sagen«, verrät sie dem Richter. Nachsatz: »Aber das sollten Sie mittlerweile längst wissen, Herr Rat.«

Der Ankläger hat den Verdacht, dass Elfriede Blauensteiner auch beim Tod ihres Mannes eine aktive Rolle gespielt haben könnte – doch den Beweis dafür kann er nicht erbringen, denn Rudolf Blauensteiners Leiche wurde verbrannt.

Anders bei Franziska Köberl, einer 84-jährigen Nachbarin der Angeklagten, *Sorgenmutterl* hat Blauensteiner die alte Dame genannt. Ihre Leiche wurde exhumiert und nach langwierigen Untersuchungen des Wiener Gerichtsmediziners Christian Reiter konnte *Euglucon* in ihrem Körper festgestellt werden.

»Ja ja, dieser Doktor«, faucht die Angeklagte in Richtung Sachverständigen, »der findet doch überall *Euglucon*, wenn es um die Blauensteiner geht«.

Im Casino verspielt

In mehreren Einvernahmen hat die Angeklagte gestanden, der Pensionistin das betreffende Mittel verabreicht zu haben – doch die Aussagen hat sie widerrufen.

»Die Köberl war mein *Sorgenmutterl,* so alt und so zart«, schwärmt sie von ihrer einstigen Nachbarin.

»Hatte sie Zucker?«, fragt der Richter.

»Nein, hatte sie nicht.«

Aber Sparbücher mit zwei Millionen Schilling Einlage. Und die will Blauensteiner von der bescheidenen Pensionistin geschenkt bekommen haben.

»Wo ist das Geld?«

»Weg.«

»Was heißt das?«

»Im Casino, Herr Rat.«

»Verspielt?«

»Ja.«

Friedrich Döcker, den *Fritzi,* hat Blauensteiner auf die übliche Weise per Inserat kennen gelernt. Er hatte auch keinen Zucker, dafür *Euglucon* im Körper und ein Haus, das er Elfriede Blauensteiner vermachte. Wert: 3,2 Millionen Schilling.

»Und wo ist das Geld geblieben?«, erkundigt sich der Richter.

»Allerhand Blödsinn hab' ich damit gemacht.«

»Also was?«

»Auch im Casino verspielt«, gibt sie zerknirscht zu Protokoll. Aber mit dem Tod der beiden, der sehr rasch kam, nachdem das Vermögen übergeben worden war, hätte sie nichts zu tun. Ein Bezirksinspektor muss in den Zeugenstand, der Beamte hat Elfriede Blauensteiner nach ihrer Verhaftung einvernommen.

»Herr Zeuge, die Angeklagte hat uns erzählt, dass sie damals von Ihnen geschlagen worden wäre. Was sagen Sie dazu?«

Erst einmal gar nichts. So baff ist dieser Beamte. Dann schüttelt er staunend den Kopf. »Herr Rat, das ganze Haus war damals voll mit Journalisten. Sie können sich vorstellen, welchen Quietscher Frau Blauensteiner gemacht hätte, wäre ich bei ihr auch nur angestreift.«

Ihre Verfassung damals, als die Geständnisse nur so aus ihr heraussprudelten?

»Bestens«, erinnert sich der Kriminalist, »sie wollte eigentlich uns einvernehmen und fragte immer, ob und was wir bereits wussten. Mit allen Tricks hat sie gearbeitet«.

»Zum Beispiel?«

»Wir haben auch Diebsgut bei ihr gefunden, 50 Silbermünzen. Als ein Beamter kurz mit ihr allein war, zwinkerte sie ihm zu und sagte: ›Nehmen Sie doch eine Münze als Erinnerung an mich.‹« Von sich aus hätte die Angeklagte damals erzählt, warum und auf welche Weise sie Franziska Köberl mit *Euglucon* vergiftete. »Die war nur noch ein bettlägriges Knochengerüst«, erklärte sie der Polizei, »ihr Bett war mit Urin getränkt«.

»Nein, niemals!«, protestiert die Angeklagte laut, »das habe ich niemals gesagt!«

»Aber Sie haben das Protokoll unterschrieben«, klärt sie der Richter auf.

»Vielleicht unterschrieben, aber nicht gelesen«, kontert sie weiter.

»Wie erklären Sie sich dann diese Korrekturen im Protokoll? Das ist Ihre Handschrift, hier«, klopft er auf ein Blatt Papier.

»Phh«, macht sie mit einer abfälligen Handbewegung, »phh«.

1.100 Tabletten in zwei Jahren

Drei Tage vor Köberls Tod kam noch deren Sohn zu Besuch und wollte seine siechende Mutter sofort mit in sein Haus nehmen.

»Frau Blauensteiner hat das verhindert«, berichtet er im Zeugenstand. »Sie sagte einfach, nein, Ihre Mutter bleibt da. Am Montag können Sie sie holen.«

Doch am Montag lag Franziska Köberl bereits im Koma, am Dienstag war sie tot. Die Sparbücher mit zwei Millionen Schilling hatte die Angeklagte längst in Sicherheit gebracht.

Vor dem Urteil kommt noch Gerichtsmediziner Christian Reiter zu Wort.

»In der Gesellschaft von Frau Blauensteiner sind mehrere Menschen gestorben«, beginnt der Gutachter und fragt, ob man dieses Phänomen auch wissenschaftlich erklären könne. Reiter kann. Stichwort Zuckererkrankung. Stichwort *Euglucon*. »In knapp mehr als zwei Jahren wurden Frau Blauensteiner von diversen Ärzten exakt 1.100 Tabletten *Euglucon* verschrieben, obwohl weder sie noch jemand anderer in ihrem Umfeld zuckerkrank war«, berichtet Reiter dem staunenden Gericht. Aus der Krankengeschichte von Franziska Köberl zitiert er, dass diese Frau knapp vor ihrem Tod nur noch einen Blutzuckerspiegel von 10 hatte. »Da hat man schon eine Dosis von zehn bis 20 Tabletten gebraucht, ich würde sagen, ein ganzes Handerl voll mit *Euglucon*.« Als Todesursache wurde bei Franziska Köberl von den Spitalsärzten ein Schlaganfall diagnostiziert.

Reiter: »Ärzte sind halt ziemlich blauäugig, sie glauben an das Gute im Menschen. Außer – sie sind Gerichtsmediziner.«

Mit massiver Unterzuckerung wurde Friedrich Döcker ins

Spital eingeliefert, seine Werte waren so tief, dass man sie gar nicht mehr messen konnte. Gestorben ist er offiziell an einer Lungenentzündung.

Nur kurz sind die Plädoyers, der Staatsanwalt spricht von einer »verbalen Hinrichtung der Angeklagten durch den Sachverständigen«. Eineinhalb Stunden beraten die Geschworenen, dann ist ihr Wahrspruch einstimmig: Schuldig des Mordes in beiden Anklagepunkten. Sowohl Franziska Köberl als auch Friedrich Döcker wurden von Elfriede Blauensteiner vergiftet. Strafe wird keine ausgesprochen, zur lebenslangen Haft aus dem Jahr 1997 kann keine weitere Haftstrafe hinzugefügt werden.

Am 17. Dezember 2001 bestätigt der Oberste Gerichtshof das Urteil. Johann Rzeszut, der damalige Präsident des Höchstgerichts, spricht von einer »Unrechtsdimension, die für einen irdischen Gerichtshof eigentlich zu groß ist«.

Und Elfriede Blauensteiner? Was hat sie noch zu sagen?

»Sperren Sie mich ruhig ein! Lassen Sie mich bis zu meinem Sterben im Gefängnis!« Das waren ihre letzten öffentlichen Worte. Die Dreifach-Mörderin starb 2003 in der Justizvollzugsanstalt Schwarzau an den Folgen eines Gehirntumors.

Post Scriptum

Wenige Wochen vor ihrem Tod gab Elfriede Blauensteiner mit Bewilligung des Justizministeriums noch ein Interview. Auf ihren angeschlagenen Gesundheitszustand angesprochen, meinte die Serienmörderin: »Es sagt mir eigentlich keiner, was ich genau habe. Aber vielleicht ist das auch gut so. Ich weiß bestimmt, wenn ich abtrete, dann werde ich ein Engel.« Ihr Wunsch, in einem Gefängnis zu sterben, ist somit in Erfüllung gegangen.
Elfriede Blauensteiner verbüßte ihre lebenslange Freiheitsstrafe in der niederösterreichischen Justizvollzugsanstalt Schwarzau, dem einzigen Frauengefängnis Österreichs. »Im Vergleich mit anderen Justizanstalten sind wir ein Fünf-Sterne-Gefängnis«, wird der Leiter der Schwarzau, Gottfried Neuberger, gern zitiert. Die Grundform des Schlosses in der Nähe von Wiener Neustadt wurde von Johann Wilhelm Graf von Wurmbrand und Stuppach im 16. Jahrhundert angelegt. 1861 kam Richard Wagner zu Besuch und 1889 ging es in den Besitz von Herzog Robert von Bourbon-Parma über. Seinen Höhepunkt erlebte das Schloss am 21. Oktober 1911: Der spätere letzte Kaiser von Österreich, Karl I., ehelichte in der Schlosskapelle Prinzessin Zita von Bourbon-Parma.
Im November 1951 endete die Adelsgeschichte des Hauses: Herzog Elias von Bourbon-Parma, ein Stiefbruder Zitas, verkaufte das Anwesen aus wirtschaftlichen Gründen an die Republik Österreich. Das Schloss musste von Grund auf restauriert werden und öffnete 1957 als Frauenstrafanstalt seine Tore. Im Lauf der Zeit wurden 70 Hektar landwirtschaftlicher Grund dazugekauft. Die Justizanstalt hat Platz für maximal 193 Gefangene, davon 22 Männer und 171 Frauen. Grundsätzlich kommt jede Frau in die Schwarzau, die zu mehr als 18 Monaten Freiheits-

strafe verurteilt wurde, rund fünf Prozent aller Gefangenen sind übrigens Frauen. Viele von ihnen arbeiten in der Anstalt oder als Freigängerinnen in den Betrieben in der Umgebung. Das Durchschnittsalter liegt zwischen 40 und 45 Jahren. Für zehn Mütter gibt es eine eigene Mutter-Kind-Abteilung, Kinder dürfen bis zur Vollendung des dritten Lebensjahrs bei ihren inhaftierten Müttern bleiben. Für die Anstalt arbeiten neben den Justizwachebeamten auch mehrere Sozialarbeiter, ein Psychiater, eine Psychologin, einige Ärzte und Therapeuten.

Die Flucht in den sicheren Tod

Ein Schiausflug auf das Kitzsteinhorn endet mit der größten zivilen Katastrophe: 155 Menschen sterben in einem Tunnel in einer lichterloh brennenden Bergbahn. 16 Beschuldigte sollen ein »Mosaik an Fehlern« begangen haben.

Der 11. November 2000 war ein ausgesprochen warmer Tag, fast noch spätsommerlich mild schien die Sonne herunten im Tal. Tausende wollten an diesem Samstag von der knallroten alpinen U-Bahn, der *Kitzsteingams* von Kaprun hinauf in das ewige Eis gebracht werden. Aus allen Teilen der Welt, von Amerika bis Japan, waren sie in das Salzburger Dorf gekommen, der Saisonauftakt lockte dieses Mal mit einem besonderen Schmankerl: Das *Alpincenter,* das neue Herzstück für die Wintersportler oben auf dem Gletscher des Kitzsteinhorns, sollte an diesem Wochenende mit einem fulminanten Programm eröffnet werden. Um Punkt neun Uhr schlossen sich in der Talstation die Türen der randvollen Bahn automatisch, auf dem Gerüst mit den hohen, schlanken Stelzen würde sie die ersten 600 Meter dahingleiten und dann, nur für ein paar Minuten, im Schlund des Berges verschwinden. So, wie es die *Kitzsteingams* schon immer getan hat, und so, wie es auch dieses Mal sein sollte. Doch es kam alles anders. Für 155 Menschen, fast nur blutjunge Wintersportler, wird die Uhr für immer stehen bleiben. Nur zwölf Fahrgäste haben den rettenden Tunnelausgang erreicht. Ihnen war es gerade noch gelungen, ein Fenster der U-Bahn einzuschlagen und mehr stolpernd als flüchtend dem Feuer zu entkommen. Der Bundeskanzler ließ Staatstrauer ausrufen, die größte zivile Katastrophe ließ die Zweite Republik erstarren.

Ein Einzelrichter muss nun, eineinhalb Jahre nach diesem Unglück, die strafrechtliche Seite klären, die Schuld oder Nichtschuld von 16 Menschen, die die Staatsanwaltschaft Salzburg wegen »fahrlässiger Herbeiführung einer Feuers-

Richter Manfred Seiss:
Entscheid über Schuld oder Nichtschuld von 16 Menschen

brunst« oder wegen »fahrlässiger Gemeingefährdung« angeklagt hat. Verhandelt wird in einem ungewohnten Ambiente am Stadtrand von Salzburg: Ein moderner Mehrzwecksaal wurde zum Gerichtssaal umfunktioniert, das Staatswappen klebt wie ein Plakat oberhalb des Richtertischs. Außer dem Gericht und den 16 Beschuldigten drängen noch 15 Verteidiger und mehr als 50 Anwälte in den Saal. Freilich auch zahlreiche Angehörige der Toten. »Das ist für uns sehr wichtig«, sagt ein Vater stellvertretend für die anderen, »wir wollen die Gesichter sehen, die Gesichter der Menschen, die schuld sein sollen am Tod unserer Kinder«.

Die Gesichter der Kinder, der Opfer, kann man bei der Gedenkstätte in Kaprun sehen. Bei der Talstation, dort, wo die Katastrophe in der *Kitzsteingams* ihren Ausgang genommen hat, wurde ein filigranes Kreuz errichtet. Auf kleine Steine hat man ihre Namen geschrieben, Hans und Christian, Florian, Sandra, Patrick und Daniel. Daneben Fotos, Blumen und Kerzen. Fröhliche junge Leute, neugierig und unbeschwert. »Du fehlst uns so«, steht oftmals als Anhang an dem einen oder anderen Gebinde.

Fatale Kettenreaktion

Es ist wohl das erste Mal bei einem Strafprozess in Österreich, dass Angehörige von Opfern derart massiv und selbstbewusst in Erscheinung treten. Etwa 300 haben sich mit Anwälten aus dem In- und Ausland organisiert. Eine solche Dynamik ist die österreichische Justiz nicht gewohnt. Opfer oder deren Angehörige sind normalerweise Zeugen in einem Prozess und es wird ihnen deutlich gesagt, dass sie die Wahrheit zu sagen und vom Thema nicht abzuschweifen hätten. Gefühle werden von

Richtern im Allgemeinen als störend empfunden – weinen dient nicht der Wahrheitsfindung.

Eine leise hohe Stimme tönt durch den Lautsprecher. Aber eindringlich ist das, was sie sagt. Staatsanwältin Eva Danninger-Soriat war am 11. November 2000 mit dabei, sie hatte Dienst an diesem Tag und sie war im Tunnel, als die Opfer noch nicht geborgen waren. Sie war Chefin des Verfahrens und zum Prozessauftakt will sie öffentlich sagen, was ihrem Strafantrag gegen die 16 Beschuldigten zugrunde liegt: »Dieser 11. November sollte ein Tag der Freude werden, ein Tag des Sports und ein Tag der Familien«, leitet die Anklägerin ein, »doch es wurde ein Tag des Schmerzes und der unendlichen Trauer«. Was zu diesem Zeitpunkt als Katastrophe mit 155 toten Menschen endete, hatte seine Vorgeschichte Anfang der 1990er Jahre, als die Garnituren der Bergbahn erneuert wurden.

Dann zählt sie die fatale Kettenreaktion auf, die aus ihrer Sicht zum Unglück führte: Eine Firma baute einen untauglichen Heizkörper in die Fahrerkabine ein, der Ventilator blockierte, das Gerät überhitzte, Hydrauliköl floss aus und entzündete sich. Erste Flammen züngelten, breiteten sich aus, doch kein Brandmelder kündigte das Inferno an. Die Anklägerin: »Einige Fahrgäste sahen den Brand, doch sie konnten den Zugführer nicht verständigen. Die Türen waren von innen nicht zu öffnen, kein Nothammer war da, um Fenster einzuschlagen, der einzige Feuerlöscher unerreichbar.« Dem Wagenführer gelang es noch, Türen zu öffnen, ein Großteil der Passagiere flüchtete aus dem brennenden Wagen in den sicheren Tod, denn giftige Rauchgase holten sie sofort ein. »Und jetzt fragen wir: Wer ist dafür verantwortlich? Wäre dieses Unglück zu vermeiden gewesen?« Einen langen, prüfenden Blick wirft die Staatsanwältin zur Anklagebank. »Ein Mosaik an Fehlern war das«, ruft sie, »dieser Brand war vorhersehbar und das werfe ich den Beschuldigten vor! Eine Überprüfung der Sicherheitsmaßnahmen wäre zu verlangen gewesen, jedem leuchtet ein, dass diese Sorgfalt einzufordern ist«. Die Verantwortung der 16 Männer auf der Anklagebank nimmt Danninger-Soriat vorweg: »Sie alle fühlen sich nicht schuldig. Doch liegt im Leugnen der Beschuldigten vielleicht das Bewusstsein ihrer Schuld?«, wird die Anklägerin kryptisch. Sie will aber in eine »hellere Zukunft« blicken: »Sagen wir in diesem Prozess, was zu sagen ist und was gesagt werden muss. Benutzen wir unsere Ohren, um gut zuzuhören.«

Verglühte »Kitzsteingams«

So hört man in den kommenden Wochen vor allem eines: »Nicht schuldig.« Sechzehnmal hat Richter Manfred Seiss die Frage nach der Schuld gestellt und sechzehnmal hat er die gleiche Antwort bekommen. Vom Vorstandsdirektor auf der Anklagebank, vom Betriebsleiter, dem Monteur, vom Baumeister, von Ministerialbeamten – von jedem, der diese Katastrophe aus Sicht der Anklägerin zu verantworten hätte. Wie in einem Stafettenlauf hat jeder die Schuld dem nächsten übergeben und auch zu begründen versucht, warum er mit diesem Unglück nichts zu tun haben kann. Wie soll man eine solche Schuld auch freiwillig auf sich nehmen? Wie sollte man denn mit dem Tod von 155 Menschen leben? Nur weil man eine Leitung verlegt oder die Heizung montiert hat? Nur weil man als Chef Sicherheitsstrukturen hätte schaffen müssen, damit das Undenkbare auch weiterhin undenkbar bleibt? Vorübergehend übersiedelt das Gericht auf das Voest-Gelände in Linz, wo in einer Halle die verglühten Reste der *Kitzsteingams* gelagert werden. Die ganze Bahn ist auf vielleicht 20 Zentimeter Höhe zusammengeschmolzen, irrwitzig verbogene Metallteile, Klumpen, Räder, Drähte, Brandschutt. Ein Überlebender muss in den Zeugenstand gleich neben diesem Wrack, ein 29-jähriger Krankenpfleger aus Bayern.

»Haben die Menschen in den anderen Abteilen geschrien?«, wird der Zeuge befragt.

»Ich hab' immer geglaubt, dass es ruhig war«, berichtet er, »aber eigentlich, wenn ich so nachdenke, müssten sie alle geschrien haben«. Er war an diesem 11. November 2000 mit Freunden aus Bayern zum Schifahren nach Kaprun gekommen. Bei der Talstation haben sie die Karten für die Bergfahrt gekauft und gemeinsam wollten sie auf das Kitzsteinhorn.

»Wie war das dann? Wie haben Sie das erlebt?«, will der Richter wissen.

»Mein Abteil war randvoll, der Zug fährt ab, wir sind in den Tunnel rein und dann ist die Bahn abrupt stehen geblieben. Aber nicht so, dass es uns alle durchgebeutelt hätte.« Die Leute hätten geglaubt, das sei völlig normal, der Zug müsse eben warten, bis der Gegenzug vorbeigefahren ist.

Eine einzige Feuerwand

Doch auf einmal wurden die Menschen unruhig. »Ich habe Rauch gerochen, so komischen, beißenden Rauch, dunkelgrau war er, fast schwarz«, erinnert sich der Krankenpfleger an die entsetzlichsten Minuten seines Lebens. Es wurde stickig in der Bahn und man versuchte, die Tür aufzuzwängen. »Mit dem Schistock hab' ich's versucht und mit den Händen, aber da ging gar nichts.« Schon züngelten die ersten Flammen

vom Führerstand ins Abteil. Zu dritt rammte man Schier gegen das Plexiglasfenster. »Mit voller Wucht«, erzählt der Zeuge, »30 bis 40 Mal über dem Kopf, bis endlich die erste Scheibe brach. Ein kleines Loch war das nur und mit den bloßen Händen haben wir das Glas herausgerissen, damit die Öffnung größer wird. Doch da war noch eine zweite Scheibe und wieder rammten wir die Schier hinein, bis auch diese Scheibe endlich brach«. Die Flammen züngelten nicht mehr, sie loderten bereits. Kopfüber stürzte die Gruppe, einer nach dem anderen, durch das kleine Loch im Fenster aus dem Abteil ins Schwarze hinaus. »Meine Haare waren schon versengt, der Schianzug hat die Hitze ausgehalten«, erzählt der Zeuge. Dann rutschte er auf den Stromkabeln am Boden ein paar Meter weiter, rappelte sich auf und stolperte in den Schischuhen Richtung Tunnelausgang.

»Was haben Sie gesehen? War Licht im Tunnel?«

»Nein. Das Licht kam nur vom Feuer, einmal schaute ich zurück, da gab es plötzlich einen furchtbaren Knall, die Druckwelle, der ganze Tunnel oben – alles eine einzige Feuerwand.« Irgendwie versuchte er sich zu orientieren, »ganz benommen war ich, so steil war es und auch als wir schon draußen im Freien waren, hatten wir panische Angst, dass der Zug zu uns herunter donnert wie ein Feuerball«.

Erst am Abend hat der Deutsche erfahren, dass »meine besten Kumpels tot sind. Dass 155 Menschen tot sind. Ich habe lange gehofft, dass sie nach oben zum anderen Ausgang flüch-

Vorhergehende Doppelseite – Urteilsspruch im Kaprun-Prozess am 19. Februar 2004 im Kolpinghaus in Salzburg: »Weltweit hat es so etwas noch nie gegeben!«

ten konnten. Aber da war nichts und das war so, als ob mir jemand mit dem Hammer auf den Kopf schlägt«. Die anderen elf Überlebenden wollen nicht aussagen, aus psychischen Gründen seien sie nicht in der Lage, die Fragen des Gerichts zu beantworten.

Gutachter verhandlungsunfähig

Der Prozess geht in eine Pause, doch an diversen Nebenfronten wird eine schrille Begleitmusik immer lauter: Ein leitender Beamter des Innenministeriums wird suspendiert, nachdem bekannt geworden war, dass er auf elf Aktenordnern brütete und diese erst während des Prozesses dem Gericht übergab. Einer der Opferanwälte beklagt sich bitter beim damaligen deutschen Bundeskanzler Gerhard Schröder und »ersucht eindringlichst um Hilfe«.
Darauf reagiert der österreichische Justizminister Dieter Böhmdorfer, es sei eine »unglaubliche Unverfrorenheit, die heimische Justiz derart zu diskreditieren«.
Der Wiener Rechtsanwalt Manfred Ainedter bringt Strafanzeige gegen zwei ausländische Kollegen ein: »Die beiden versuchen mit falschen Behauptungen jenes New Yorker Gericht zu täuschen, das sich mit den zivilrechtlichen Ansprüchen von Hinterbliebenen befassen soll«, begründet der Anwalt diesen Schritt und macht seinem Ärger Luft. »Dem unglaublichen Treiben des Selbstdarstellers Ed Fagan und seines deutschen Handlangers muss ein Ende gesetzt werden«, wettert Ainedter, »bei aller Tragik der Katastrophe kann es nicht angehen, dass die beiden Krokodilsanwälte mit betrügerischen Mitteln versuchen, Kapital aus menschlichem Leid zu schlagen«. 500 Millionen Dollar will Fagan für »seine«

Kaprun-Hinterbliebenen erkämpfen. Das verkündet er immer wieder lauthals, und seine »Mandanten« kleben an seinen Lippen. Ein Drittel dieser Fantasiesumme will er als Erfolgshonorar behalten.

Doch auch auf anderer Ebene droht der Prozess aus den Fugen zu geraten: Es wird bekannt, dass der technische Hauptgutachter wichtige Beweismittel daheim im Keller bunkert, die Verteidiger schießen sich auf ihn ein. Darauf zieht es der Gutachter vor, den künftigen Verhandlungen überhaupt fern zu bleiben. Der Richter muss einen psychiatrischen Sachverständigen bestellen: Der Hauptgutachter ist ab sofort nicht mehr verhandlungsfähig – eine Einzigartigkeit in der österreichischen Justizgeschichte. Doch auch jetzt will der abberufene Gutachter die Unterlagen nicht herausrücken, zuerst müsse seine Rechnung zur Gänze beglichen werden. Der Richter schickt die Gendarmerie in das Haus des Technikers und lässt die Dokumente abholen. Die nächste Überraschung: Bei der Heeresbildstelle in Wien wurden die allerersten Film- und Fotoaufnahmen aus dem Unglücksstollen entdeckt. Trotz mehrfacher Aufforderung des Gerichts wurde genau diese Video-Kassette nicht herausgegeben. Das Verteidigungsministerium verspricht, sich um die Sache zu kümmern.

Stand der Technik

Ein Jahr später kommen in diesem Prozess die Gutachter zu Wort. Ein Sicherheitstechniker erklärt, dass fast alle Türen der 30 Meter langen Bahn offen waren. Doch was heißt das für die damalige Situation im Tunnel? »Aus der Panikforschung wissen wir, was passiert, wenn mehrere Menschen gleichzeitig auf eine kleine Öffnung zulaufen: Jeder stört jeden. Eine dichte Menschenpackung drängt zur gleichen Zeit hinaus.« Im speziellen Fall muss man auch berücksichtigen, dass die Fahrgäste der *Kitzsteingams* Sportkleidung und Schischuhe getragen haben, dass sie Schier, Stöcke, Snowboards und Rucksäcke bei sich hatten. »Lauter Faktoren, die eine optimale Bewegungsgeschwindigkeit enorm verzögern«, so der nüchterne Befund des Fachmanns über die grauenvollen Augenblicke dieser Katastrophe. Die Menschen haben die Flammen gesehen, den dichten, beißenden Rauch eingeatmet, die Treppe draußen war keine Fluchttreppe, sie war nur 60 Zentimeter breit und bot jeweils Platz für einen einzigen Fahrgast. Aufgrund der Lage der Toten wisse man, dass alle bergwärts flüchten wollten, »wir haben keine einzige Leiche Richtung Tal gefunden«. Die zwölf Überlebenden waren im ersten Wagen und wählten instinktiv den rettenden Weg Richtung Tal. Aus Sicht des Gutachters hat die Unglücksbahn »dem Stand der Technik« entsprochen, der Aufbau des Wagens aus Kunststoff »war in Ordnung«, die sicherheitstechnischen Einrichtungen ebenso, es gab auch keine Wartungsmängel. Und die alles entscheidende Kernaussage des neuen Hauptgutachters: Der Heizlüfter war nicht mangelhaft gewartet – wie das sein Vorgänger behauptet hatte – vielmehr löste ein Produktionsfehler des Heizlüfters die Katastrophe aus.

Freispruch für alle

Der Urteilstag. Die Spannung ist zum Greifen, 100 Journalisten aus aller Welt laufen nervös umher, ebenso viele Angehörige der Opfer fiebern dem Richterspruch entgegen. 50 Polizisten sichern das Geschehen, das Rote Kreuz macht sich auf Einsätze bereit. Endlich kommt der Richter in den Saal, setzt seine Kappe auf und bleibt gleich stehen: »Vernehmen Sie das Urteil im Namen der Republik: Die Beschuldigten werden von den gegen sie erhobenen Vorwürfen freigesprochen.« Applaus. Pfiffe. »Eine Schande für Österreich!«, ruft jemand und ein anderer: »Ich will mir das nicht anhören!« Empört verlassen Angehörige den Saal. Draußen bricht eine Japanerin zusammen und drinnen beginnt der Richter mit der Urteilsbegründung.

Bis weit in den Nachmittag hinein spricht sich der Richter die Stimme heiser. »Der Heizstern im Heizlüfter torkelte gegen die Rückwand des Kunststoffgehäuses, es entzündete sich, die Ölleitungen platzten, und der Brand breitete sich aus.« Nach zwei Minuten und 26 Sekunden blieb die Bahn im Tunnel stecken, das Schicksal für 155 Menschen im Alter zwischen fünf und 71 Jahren war besiegelt. »Sie starben durch inneres und äußeres Ersticken.« Auslöser: Der Heizlüfter. Das Gerät wies Konstruktions-, Produktions- und Materialfehler auf. Von außen waren diese Fehler jedoch selbst von Fachleuten nicht zu erkennen. »Vor dieser Katastrophe hat man so etwas in einer Seilbahn einfach nicht für möglich gehalten, weltweit hat es das noch nie gegeben«, betont der Richter. Dieses Unglück führte zu einem neuen Seilbahngesetz, der Brandschutz muss seither berücksichtigt werden. Die Freisprüche wurden vom Oberlandesgericht Linz am 27. September 2005 im vollen Umfang bestätigt.

Post Scriptum

Die Angehörigen der Opfer haben einen jahrelangen Rechtsstreit auf mehreren Ebenen angestrebt. Etwa 300 Hinterbliebene organisierten sich mit Anwälten aus dem In- und Ausland und hofften, durch dieses geschlossene Auftreten könnte ein größerer Druck auf die Justiz ausgeübt und ein rascherer Erfolg erzielt werden. Die Klagen vor einem Gericht in New York wurden jedoch allesamt abgeschmettert, die amerikanische Richterin hat dieses Ansinnen als »frivol« bezeichnet. Bekanntlich hat US-Anwalt Ed Fagan den Hinterbliebenen rund 500 Millionen Euro als Schmerzensgeld in Aussicht gestellt, keine einzige seiner Klagen hatte Erfolg.

Die Versicherung hat den Hinterbliebenen der Kaprun-Opfer je 7.276 Euro pro nahem Familienmitglied ausbezahlt. Und im jahrelangen Rechtsstreit um die Entschädigungszahlungen wurde im Juni 2008 – fast acht Jahre nach der Katastrophe – eine außergerichtliche Einigung erzielt: Insgesamt wurde an 451 Anspruchssteller die Gesamtsumme von 13,9 Millionen Euro ausbezahlt. Für die Bemessung von Schmerzensgeld gibt es in Österreich zwar keine einheitliche Richtlinie, inoffiziell haben sich aber doch gewisse »Tagsätze« eingependelt: 100 Euro gibt es für leichte Schmerzen, 200 für mittelstarke und 300 für starke Schmerzen. In Deutschland bekommt man nach einer Querschnittlähmung bis zu 150.000 Euro. Wenn jemand sein Kind oder einen nahen Angehörigen verliert, kommt das juristisch einer »seelischen Querschnittlähmung« gleich, das ist, »als ob ein Teil der Seele amputiert worden wäre«, sagt der Berliner Anwalt Thomas Kämmer, der mehrere deutsche Kaprun-Hinterbliebene vertreten hat.

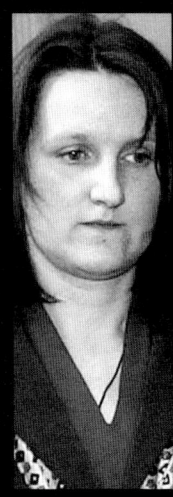

Tiefgefroren und einbetoniert

Vier getötete Neugeborene, Eltern auf der Anklagebank. Zwei Babys lagen im Tiefkühlschrank, zwei waren in Kübeln einbetoniert. Die Mutter hat Erinnerungslücken, der Vater weiß von nichts.

Immer wieder halten sich ein paar Geschworene die Hand vor den Mund, ein anderer reibt sich die Augen und schüttelt den Kopf. Irritiert, ratlos und ungläubig müssen sie den Worten des Anklägers folgen. Was für ein Prozess hat im März 2006 im voll besetzten Schwurgerichtssaal des Straflandesgerichts Graz begonnen!

Staatsanwalt Johannes Winklhofer fasst in einer Stunde zusammen, was das Paar auf der Anklagebank im Lauf von vier Jahren verbrochen haben soll. »Diese Frau und dieser Mann«, deutet er auf die gebürtigen Oststeirer Gertraud Arzberger, 33, und Johannes Genser, 39, »diese beiden haben in vier Fällen das Verbrechen des Mordes begangen. Die Opfer waren ihre gemeinsamen Kinder«. Unmittelbar nach der Geburt soll Arzberger die Babys einbetoniert oder tiefgefroren haben. »Das waren logische, mit eiserner Konsequenz durchgeführte Handlungen«, erläutert der Ankläger und erspart den Geschworenen keine Details. »Wissen Sie, meine Damen und Herren«, sagt Winklhofer leise, »ich war damals selbst dabei, als ein Baby aus der Tiefkühltruhe in der Gerichtsmedizin langsam aufgetaut wurde. Und ich habe etwas Glitzerndes auf dem Hals des Kindes gesehen. Ich konnte das aber noch nicht richtig zuordnen«.

In diesem Kriminalfall haben die Kinder keine Namen. Man kennt nicht einmal ihr genaues Geburtsdatum. In der Anklageschrift heißt dieses eine Baby – es war das Letztgeborene im Jahr 2004 – »Kind E«. Als das Kind in der Gerichtsmedizin nun vorsichtig aufgetaut war, erkannte der Staatsanwalt mit einem Schlag, was dieses »glitzernde Etwas« war:

Gertraud Arzberger tötete ihre vier Neugeborenen

»Ein Zigarettenstummel der Marke *Marlboro* und der klebte hier fest«, zeigt Winklhofer auf seinen eigenen Hals. »Was sagt uns dieses Detail?«, fragt er lauernd und gibt auch gleich die Antwort: »Wir wissen aus den Gutachten, dass dieses Kind, es war ein Mädchen, lebte, als es in den Tiefkühlschrank gelegt wurde. Es war 49 Zentimeter groß und drei Kilo schwer. Wie zum Schutz hatte es sich embryonal eingerollt und ist dann in dieser Haltung erstickt. Doch bevor das Kind in den Gefrierschrank kam, stand seine Mutter daneben und rauchte. Dann schnippte sie den Stummel in den Plastiksack, wo schon ihr Baby kauerte und legte alles zusammen in das Gefrierfach.« Am Boden dieses Fachs lag in einem Einkaufsack bereits »Kind D«, ein Sohn. Auch dieses Kind war am Leben, als es in die Gefriertruhe gelegt wurde. Das haben die Gerichtsmediziner festgestellt.

Das Töten genossen

In den beiden Jahren zuvor soll Gertraud Arzberger zwei weitere Kinder auf die Welt gebracht haben, einen Sohn und eine Tochter. Diese Babys wurden von ihrer Mutter jeweils in einen Plastikkübel einbetoniert und auf dem Grundstück neben ihrem Haus in einem Grazer Vorort abgestellt. »Ich habe mir gedacht«, sagt Staatsanwalt Winklhofer, »vielleicht hat die Frau das Töten genossen. Am Ende aber muss sie ihre Kinder gehasst haben, wahrscheinlich wie sich selbst«. Aber getan hätte sie all das, um ihren Lebensgefährten nicht zu verlieren. Denn unmissverständlich hat Johannes Genser – verheiratet und Vater von drei Kindern – zu seiner Freundin gesagt: »Wenn du ein Kind bekommst, kannst dich schleichen.« Gertraud Arzberger schüttelt beim Vortrag des Anklägers im-

mer wieder den Kopf. Als Richter Karl Buchgraber sie schließlich fragt, ob sie sich schuldig fühle, schluchzt sie auf:
»Ja, ich fühle mich schuldig, meine Kinder getötet zu haben. Aber es war mir nicht bewusst, ich habe daran keine Erinnerung. Ich denke jede Minute daran, wie das passieren konnte.«
Das wundert den Richter. »Jetzt wollen Sie auf einmal nichts mehr davon wissen, Sie sagen, Sie fühlten sich außerhalb Ihres Körpers?«
»Es gibt Momente«, überlegt die Angeklagte, »von denen weiß ich einfach nicht, was ich getan habe.«
Erinnerungslücken also, massive Erinnerungslücken. Es war ihr klar, dass sie mit ihrem Lebensgefährten keine Kinder haben würde, »nein, das passte nicht in unsere Lebensplanung.« Sie arbeitete sehr viel und half dem Tischlermeister auch bei schweren Arbeiten.
»Wann waren Sie zum ersten Mal schwanger?«, will der Richter wissen.
»Das weiß ich nicht.«
»War das erste einbetonierte Kind eine Tochter oder ein Sohn?«
»An ein Geschlecht kann ich mich nicht erinnern – das ist ein Problem, ich weiß.«
»Sie sind 1,71 Meter groß und hatten nicht einmal 60 Kilo. Wie kann man mit dieser zarten Figur Schwangerschaften verbergen?«
»Das weiß ich auch nicht. Die Hose war vielleicht etwas eng, sonst nichts.«
»Woran haben Sie die Schwangerschaft überhaupt erkannt?«
»Das war so ein komisches Gefühl im Bauch.«
Während der Schwangerschaft hätte sie an die Möglichkeit gedacht, das Neugeborene in der Babyklappe des Kranken-

hauses abzugeben. Warum sie das nicht getan hätte?
»Das Kind war plötzlich auf der Welt und hat sich nicht bewegt. Das ist ja das Malheur«, bedauert sie. In einer früheren Einvernahme hat sie ihr Kind als »blutigen Klumpen« bezeichnet.

Verschwörungstheorien

Und der Vater? Was sagt er zu dieser Anklage?
»Nicht schuldig, Herr Rat!« Niemals hätte er eine Schwangerschaft bei seiner Freundin bemerkt, niemals Spuren einer Geburt gesehen, geschweige denn die Tötung eines Kindes.
»Auch Gertraud hat das nicht getan«, verteidigt Genser die Hauptangeklagte, »sie hätte einem Kind nie etwas antun können. Ich stehe hinter ihr!«
Wie er sich dann die vier toten Babys in seinem Haus erklären könne?
Das wären abstruse Verschwörungstheorien, »alles nur Vorstellungen von Leuten, die irgendwas erfinden wollen«, will er von dieser Frage ablenken.
Der ehemalige Untermieter des Paars muss in den Zeugenstand, jener Mann, der die erste Babyleiche in der Tiefkühltruhe gefunden und damit den Kriminalfall ans Tageslicht gebracht hat.
»Erzählen Sie von dieser Situation, wie war das für Sie?«, fordert der Richter den Zeugen auf.
»Das ist ein Schock, von dem ich mich bis heute nicht erholt

Vorhergehende Doppelseite – Gertraud Arzberger (li) und Johannes Genser (re) bei der Urteilsverkündung am 31. März 2006 im Schwurgerichtssaal des Grazer Landesgerichts: »Sie hätte einem Kind nie was antun können!«

habe«, erinnert sich der Mann an die schlimmsten Minuten seines Lebens. Ein Montagnachmittag, er wollte für seine Kinder Speiseeis aus dem Keller holen. »Ich wusste, es war noch eine Packung in der Tiefkühltruhe. Es fehlte aber der Deckel, deshalb war das Eis in einen Plastiksack gewickelt«, berichtet der Zeuge.

»Haben Sie Gefriergut aus der Truhe genommen?«, will der Richter konkret wissen.

»Nein, ich habe herumgewühlt und Brot, Kräuterbutter, Gemüse, Hühner, Fisch und Leberknödel auf die Seite geschoben. Dann … also dann stieß ich auf einen Plastiksack … und machte ihn auf … und … spürte etwas … also Eis war das keines«, atmet der Mann tief durch.

»Sondern?«, fragt der Richter leise.

»Ich dachte zuerst, ich halte eine Puppe in der Hand, unglaublich … ich war total schockiert, legte den Sack sofort zurück in die Truhe und holte meine Frau.«

Gemeinsam öffnete das Paar die Gefriertruhe, »das ist ja ein Kind! Ein Baby!«, waren sich beide sicher, »der Kopf, die Händchen …« Der Mutter zweier Kinder wurde sofort schlecht, »sie bekam Kopfweh, Schüttelfrost, grauenhaft, was wir gefunden hatten.« Der Mann fuhr sofort zur nächsten Polizeistation.

»Was waren Ihre ersten Gedanken?«, fragt der Richter.

»Ich vermutete schon, dass das Kind von Gertraud war. Sie wollte es wahrscheinlich nicht haben.«

»Sie wissen, es wurden noch drei weitere Babyleichen auf dem Grundstück gefunden. Hätten Sie Frau Arzberger das zugetraut?«

»Nein!«, ruft der Zeuge, »niemals!«.

Eine fleißige, tüchtige Tochter

Der Vater der Angeklagten im Zeugenstand. Leicht fällt dem oststeirischen Landwirt der Weg in den Schwurgerichtssaal nicht. »Die Gertraud hätte doch jederzeit mit einem Kind heimkommen können, das wäre für uns alle eine große Freude gewesen«, sagt er stockend. »Dann hätten wir eine Taufe gehabt und keine Gerichtsverhandlung«, fügt er traurig hinzu. Die Angeklagte ist mit ihrem Bruder auf dem Hof aufgewachsen, 30 Hektar Landwirtschaft, 60 Mastrinder. »Sehr fleißig war sie und tüchtig, jede Arbeit hat sie gemacht«, lobt sie der Vater. In den letzten Jahren war sie oft daheim zu Besuch, »bei der Goldenen Hochzeit waren 100 Gäste geladen und niemandem ist aufgefallen, dass sie schwanger gewesen sein soll.«

»Aber das ist eine Tatsache«, entgegnet der Richter. »Ihre Tochter war viermal schwanger, sie hat viermal geboren und sie hat vier Kinder getötet. Das sind Fakten und es ist egal, ob Sie eine Schwangerschaft gesehen haben oder nicht.«

»Ich kann mir das alles nicht erklären«, murmelt der Vater, geht zu seiner Tochter, streicht ihr über den Kopf und umarmt sie kurz. »Mach's gut«, flüstert er.

Die Sachverständigen versuchen diesen Fall zu verstehen und den Geschworenen zu erklären. Über das Seelenleben von Gertraud Arzberger gibt der Psychologe Roland Bugram Auskunft. Kernsatz seines Gutachtens nach 575 beantworteten Fragen: Aus seiner Sicht liege keine tiefgreifende psychische Erkrankung vor. Weder bei Gertraud Arzberger noch bei Johannes Genser. Sie sei eine sehr aktive, ehrgeizige und leistungsorientierte Frau, ständig unter Strom, aber auch ängstlich und leicht beeinflussbar. Genser zeige eine hohe

Führungsqualität, er sei sehr selbstsicher, energisch und fordernd, ein charismatischer Führer, der genau wisse, wo man die Zwinge ansetzen muss, damit seine Anweisungen schnell wirken. Mit Gefühlen könne er allerdings nicht gut umgehen. Der psychiatrische Sachverständige Friedrich Rous hat viele Stunden mit der Angeklagten gesprochen, »es waren zügige Gespräche, die Frau ist überdurchschnittlich intelligent.« Sie will immer die Beste sein und verträgt es schlecht, wenn andere erfolgreicher sind. Nur bei einem einzigen Thema kippte ihre Stimmung: bei den getöteten Babys. »Sie begann sofort zu weinen«, berichtet Rous, »sie will nicht darüber reden. Bei einem Themenwechsel ist sie aber sofort wieder anderer Stimmung.« Ihr Verhalten sei manchmal sehr theatralisch, sie neige auch zu Hysterie. In der Haft hat Johannes Genser seiner Freundin 693 Liebesbriefe geschrieben, doch der Staatsanwalt hält diese Schreiben für reine Berechnung: »Da steht ein Schwulst drinnen, das ist sagenhaft«, bemerkt er trocken, »in den Jahren davor hat Genser laut Zeugen nie etwas Liebes zu ihr gesagt.« Doch jetzt liege es ausschließlich in der Hand von Gertraud Arzberger, ihren Lebensgefährten zu schützen und weiter zu betonen, dass er nichts von den Schwangerschaften und den getöteten Babys wusste. Mit den vielen Liebesbriefen sollte sie gleichsam bei Laune gehalten werden.

Kein Zweifel bei den Geschworenen

Sind diese Verbrechen nun als Mord zu bewerten? »Natürlich«, ist Staatsanwalt Johannes Winklhofer überzeugt. »Diese Frau hat vier Kinder auf die Welt gebracht und grausam ermordet«, zeigt er auf die Anklagebank. »Aber auch Johannes Genser ist schuldig«, betont der Ankläger, »es ist unmöglich, dass dieser Mann die Schwangerschaften seiner Lebensgefährtin nicht mitbekommen hat. Er ist bereits Vater von drei ehelichen Kindern und weiß genau, was mit dem Körper einer Frau geschieht. Aber er wollte keine Kinder mehr, seine Freundin könne sich ›schleichen‹, sollte sie ein Baby bekommen. Das hat er immer wieder klar gesagt.« Er hätte seine Freundin dominiert und kontrolliert.»Es ging um Babys, um Neugeborene, um Kinder, die wir beschützen sollen und die man nicht auf die Müllhalde wirft, in Eimer einbetoniert oder in die Tiefkühltruhe steckt«, bringt der Ankläger diesen Kriminalfall auf den Punkt.

Nach drei Stunden haben die Geschworenen ihren Wahrspruch gefunden: Gertraud Arzberger ist schuldig wegen der Tötung eines Kindes bei der Geburt und des Mordes in drei Fällen. Johannes Genser wird wegen Mordes als Beitragstäter in drei Fällen schuldig gesprochen. Arzberger wird zu einer lebenslangen Freiheitsstrafe verurteilt, ihr Lebensgefährte zu 15 Jahren Haft. Für den Schuldspruch von Johannes Genser gibt es keinen Sachbeweis, sondern nur die Vorstellung, dass es undenkbar sei, vier Schwangerschaften seiner Freundin nicht bemerkt zu haben.

Die Urteile wurden bekämpft, jedoch in letzter Instanz auch vom Obersten Gerichtshof bestätigt.

Post Scriptum

Der Wiener Gynäkologe Peter Husslein war bei diesem Prozess als Gutachter tätig, er kennt den Fall sehr genau und er hält es für ausgeschlossen, dass Johannes Genser die körperlichen Veränderungen seiner Lebensgefährtin nicht bemerkt hätte. »Es ist schwer vorstellbar, aber nicht gänzlich auszuschließen, dass man eine Schwangerschaft seiner Partnerin nicht erkennt«, sagt Husslein, »jedoch schließe ich völlig aus, dass man als Partner nach einer Geburt die radikale Gewichtsabnahme nicht wahrnimmt. Etwa sechs Kilo verliert eine Frau dadurch schlagartig.« Damit ist Johannes Genser im deutschsprachigen Raum der erste Vater, der wegen Mordes an Neugeborenen als Beitragstäter rechtskräftig verurteilt wurde.

Auch in Deutschland wurden in den vergangenen Jahren mehrere Tötungen von Neugeborenen bekannt, die Väter dieser Babys wurden entweder überhaupt nicht angeklagt oder in den jeweiligen Verfahren freigesprochen.

Über die Motive, warum Mütter ihre Babys töten, gibt es bislang nur wenige Untersuchungen. Als Hauptmotiv geben Mütter in einer Wiener Studie an, dass sie Angst hätten, von ihrem Partner verlassen zu werden. Auch »psychischer Stress« oder eine ungewollte Schwangerschaft wird von Müttern als Tötungsgrund genannt.

Mit Abstand die häufigste Tötungsart: Ersticken, gefolgt von Ertränken.

Die »Saliera« und ihr Meisterdieb

»Rein zufällig« stiehlt ein Wiener ein wertvolles, goldenes Salzfass aus dem Kunsthistorischen Museum. Ab diesem Zeitpunkt hatte der Dieb »Angst, durchgehend Angst«.

Das kostbare Kunstwerk trägt den schlichten Namen *Saliera* und hatte als kleines Salzfass aus dem 16. Jahrhundert ursprünglich auch einen praktischen Nutzen. Der italienische Bildhauer Benvenuto Cellini hat es während seines Aufenthalts in Paris zwischen 1540 und 1543 im Auftrag von König Franz I. von Frankreich geschaffen. Im Jahr 1570 schenkte König Karl IX. das 26 Zentimeter hohe und 33,5 Zentimeter breite Salzfass Erzherzog Ferdinand II. von Tirol. Das außerordentlich wertvolle Tafelgerät, das Cellini aus Goldblech freihändig getrieben hat, sollte zugleich eine allegorische Darstellung des Planeten Erde sein. Der Renaissancekünstler beschreibt sein Werk so: »Das Meer, als Mann gebildet, hielt ein reich gearbeitetes Schiff, welches Salz genug fassen konnte. Die Erde hatte ich weiblich gebildet, von so schöner Gestalt und so anmutig, als ich nur wusste und konnte … der reich verzierte Tempel sollte den Pfeffer enthalten.«

Benvenuto Cellini war aber nicht nur als hochgeschätzter Goldschmiedekünstler in Adelskreisen bekannt, sondern auch als jähzorniger Doppelmörder: Für einen Mord – er rächte den gewaltsamen Tod an seinem Bruder – wurde er mit »einem grimmigen Seitenblick« des Papstes bestraft, für das zweite Verbrechen Jahre später bekam er vom Papst überhaupt einen Freibrief. Aber das ist eine andere Geschichte.

Zurück zur *Saliera,* dem Salzfass, von dessen Existenz bis zum Mai des Jahres 2003 vermutlich nur ausgewiesene Kunstexperten wussten. Über Nacht, im wahrsten Sinn des Wortes, sollte das Kleinod aus seiner Anonymität herausgerissen und

Salzgefäß (»Saliera«) für König Franz I. von Frankreich, 1539–1543: Erde, allegorische Figur (Detailaufnahme)

zum medialen Dauerbrenner werden. Das Fässchen mit einem Schätzwert von 50 Millionen Euro verschwand in der Nacht zum 11. Mai 2003 von seinem vermeintlich sicheren Platz im Wiener Kunsthistorischen Museum. Um zwei Uhr hatten die letzten Besucher nach der »Langen Nacht der Musik« das Museum verlassen. Um 3.55 Uhr schlug der Bewegungsmelder in der Gemäldegalerie im ersten Stock Alarm. Drei Sicherheitsbeamte sollten später bestätigen, dass sie diesen Alarm auch gehört hatten – doch das Signal wurde nicht weiter ernst genommen, zu oft hatte sich das Warnsignal als Fehlalarm entpuppt. Die Anlage wurde also gleich wieder aktiviert, sodass die automatische Weiterleitung zur Polizei unterbunden wurde. Entgegen den Vorschriften des Museums ging das Sicherheitspersonal der Ursache des Alarms nicht auf den Grund, weder das Saallicht in der Gemäldegalerie noch die Videoüberwachungsanlage wurden eingeschaltet.

70.000 Euro Belohnung

Erst um 8.20 Uhr fährt dann dem Oberaufseher der Schreck in die Glieder: Ein Fenster des Museums ist eingeschlagen, eine Glasvitrine zerstört und Cellinis wertvolle Skulptur verschwunden. Erst jetzt, viele Stunden nach dem ersten Alarm, wurde vom Portier des Hauses die Polizei verständigt und einer der kuriosesten Kunstdiebstähle der Geschichte wird öffentlich. Sofort werden die drei Sicherheitsbeamten suspendiert, sie geraten vorübergehend auch in das Fadenkreuz der Ermittler. Das Museum setzt 70.000 Euro als Belohnung für Hinweise aus, die zum verschwundenen Salzfass, einem der Prunkstücke des Museums, führen. Doch Ratlosigkeit macht sich unter Experten breit, denn die *Saliera* gilt ob ihrer

Einzigartigkeit auch auf dem Schwarzmarkt als unverkäuflich. Der damalige Direktor des Museums, Wilfried Seipel, sieht sich heftiger öffentlicher Kritik ausgesetzt, da das Baugerüst an der Außenmauer des Museums nur ungenügend gesichert war. Er bietet seinen Rücktritt an, was vom Ministerium umgehend abgelehnt wird. Seipel lädt zu seiner »sicher schlimmsten Pressekonferenz seiner Laufbahn«, er kämpft mit den Tränen und spricht von einem »Angriff auf ein Weltkulturerbe«, einem »Angriff auf das Museum« und einem »Angriff auf die Kunst.« Ein Sicherheitsgipfel wird einberufen und man kommt zum Schluss, dass die Sicherheitsvorkehrungen grundsätzlich ausreichend gewesen wären, jedoch müsse man dem »Risikofaktor Mensch« künftig besonderes Augenmerk schenken.

Zwei Wochen nach dem Diebstahl dann der erste Hoffnungsschimmer: Auf einer amerikanischen Website ist ein Angebot aufgetaucht. »Amazing, heavy antique salt & pepper set. Just arrived from Europe« – nur ein dummer Scherz, die *Saliera* bleibt wie vom Erdboden verschluckt.

Spuren im Sand

Erst im August 2003 ein mögliches Lebenszeichen des Diebes: In einem Brief an die Versicherung werden fünf Millionen Euro Lösegeld gefordert. Beigelegt sind einige Brösel, die vom Kunstwerk stammen und die Ernsthaftigkeit der Forderung unterstreichen sollen. Die Polizei sieht sich in ihrer Arbeit gestört, die Spur verläuft im Sand. Monate später behauptet ein 42-jähriger Wiener, die *Saliera* finden zu können und lockt Seipel nach Italien. Das Ergebnis ist eine geplatzte Blase, der Museumsdirektor kommt ohne Salzfass heim und der Wiener, ein Hochstapler, wandert in Untersuchungshaft. Schließlich meldet sich ein britischer Kunst-Detektiv zu Wort, aber auch er führt nicht zum Erfolg.

Endlich, zweieinhalb Jahre nach dem Diebstahl, eine heiße Spur: Im Jänner 2006 gibt die Polizei bekannt, sie hätte einen Teil der *Saliera* – den abnehmbaren »Dreizack« – in ihrer Hand. Außerdem wurde ein Bild von einem Mann angefertigt, der angeblich mehr über den Verbleib des Kunstwerks sagen könne. Dieser Mann meldet sich tatsächlich, nachdem ihn Freunde auf die Ähnlichkeit mit dem Gesuchten angesprochen hatten. Aus dem Zeugen wird rasch ein Verdächtiger, der 50-jährige Experte für Alarmanlagen aus Wien-Neubau wird verhaftet. In seiner Wohnung findet man belastendes Material. Am nächsten Tag führt der Mann die Polizei ins Waldviertel in die Nähe von Zwettl, wo an einer abgelegenen Stelle tatsächlich eine Kiste mit der lang gesuchten *Saliera* ausgegraben wird. Stunden später gibt Innenministerin Liese Prokop das mittlerweile weltberühmte Salzfass an das Kunsthistorische Museum zurück und die heimgekehrte Skulptur muss ein Blitzlichtgewitter über sich ergehen lassen. Die Staatsanwaltschaft Wien bereitet die Anklage vor, der Prozess wird für 7. September 2006 anberaumt.

Liebesbriefe und Heiratsanträge

Tumultartige Szenen spielen sich vor dem Verhandlungssaal im Wiener Landesgericht ab, eine dichte Menschentraube drängt in den viel zu kleinen Saal. Im Vorfeld des Prozesses wurde bekannt, dass der *Saliera*-Dieb »weit mehr als 100 Liebesbriefe« mit vielen Heiratsanträgen in die Zelle bekommen hat. Die üppige Fanpost stellt sich der Häftling übrigens selbst zu, er bekam in der Justizanstalt die Aufgabe übertragen, die zensurierten Briefe an seine Mithäftlinge auszuteilen. Einer dieser Häfenbrüder soll eine heimlich gestohlene Gabel über *ebay* im Internet zur Versteigerung angeboten haben. Mit dieser Gabel hätte der *Saliera*-Dieb Gemüse gegessen. Der mittlerweile 52-jährige Wiener muss die Verbrechen des schweren Einbruchsdiebstahls sowie versuchte Erpressung verantworten.

»Ich habe mir vor dem Diebstahl nicht Mut angetrunken, sondern Blödheit«, sagt dann der Angeklagte zum vorsitzenden Richter Walter Stockhammer, »ich komme mir jetzt so deppert vor.« Zwei Jahre lang hat er das wertvolle Salzfass wie einen Schatz gehütet und unter seinem Bett versteckt, bevor er es gut eingepackt im Waldviertel vergraben hat. »Ich wollte die *Saliera* weg haben, nichts wie weg, weg, weg. Dann ging es mir um ein Eck besser. Herr Rat«, gibt der Mann einen Einblick in sein Innerstes, »Sie können sich gar nicht vorstellen, wie das ist, wenn etwas unter dem Bett liegt, das 50 Millionen Euro wert ist.«

»Da haben Sie vollkommen Recht«, pflichtet ihm der Richter bei, »das kann ich mir nicht vorstellen.«

Der Wiener spricht nicht, die Worte sprudeln aus ihm heraus. »Sie haben eh schon bemerkt, dass ich viel und gern rede, das Schlimmste war, dass ich über die *Saliera* mit niemandem reden konnte.«

1975 hatte der aus einfachen Verhältnissen stammende Mann sein Medizinstudium abgebrochen und sich als Spezialist für Alarmanlagen selbstständig gemacht. Die Geschäfte florierten, finanzielle Motive für den spektakulären Diebstahl sind eher auszuschließen. Er gilt auch als Frauenschwarm und wie zur Bestätigung steht im Gerichtssaal plötzlich eine Frau im

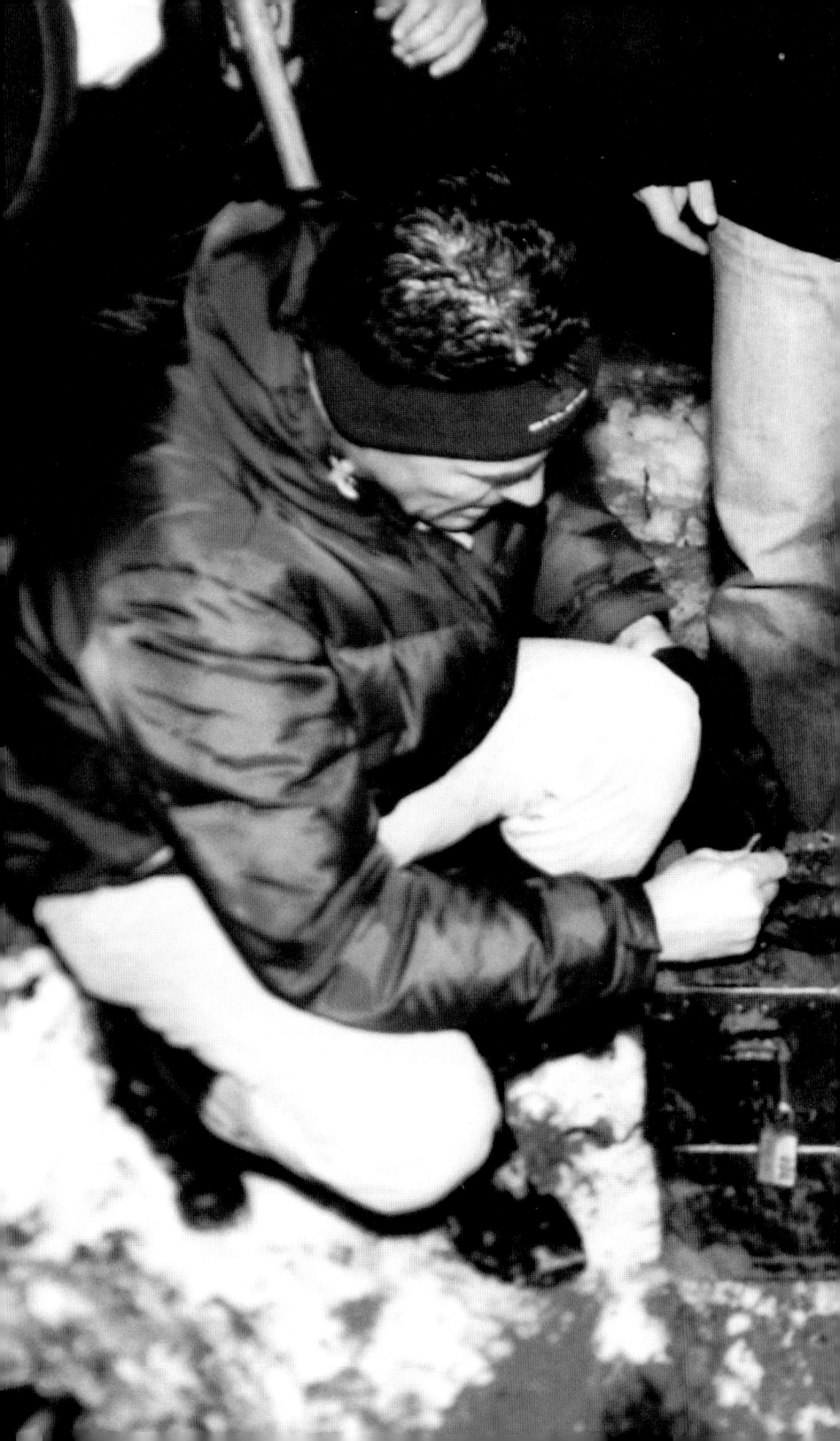

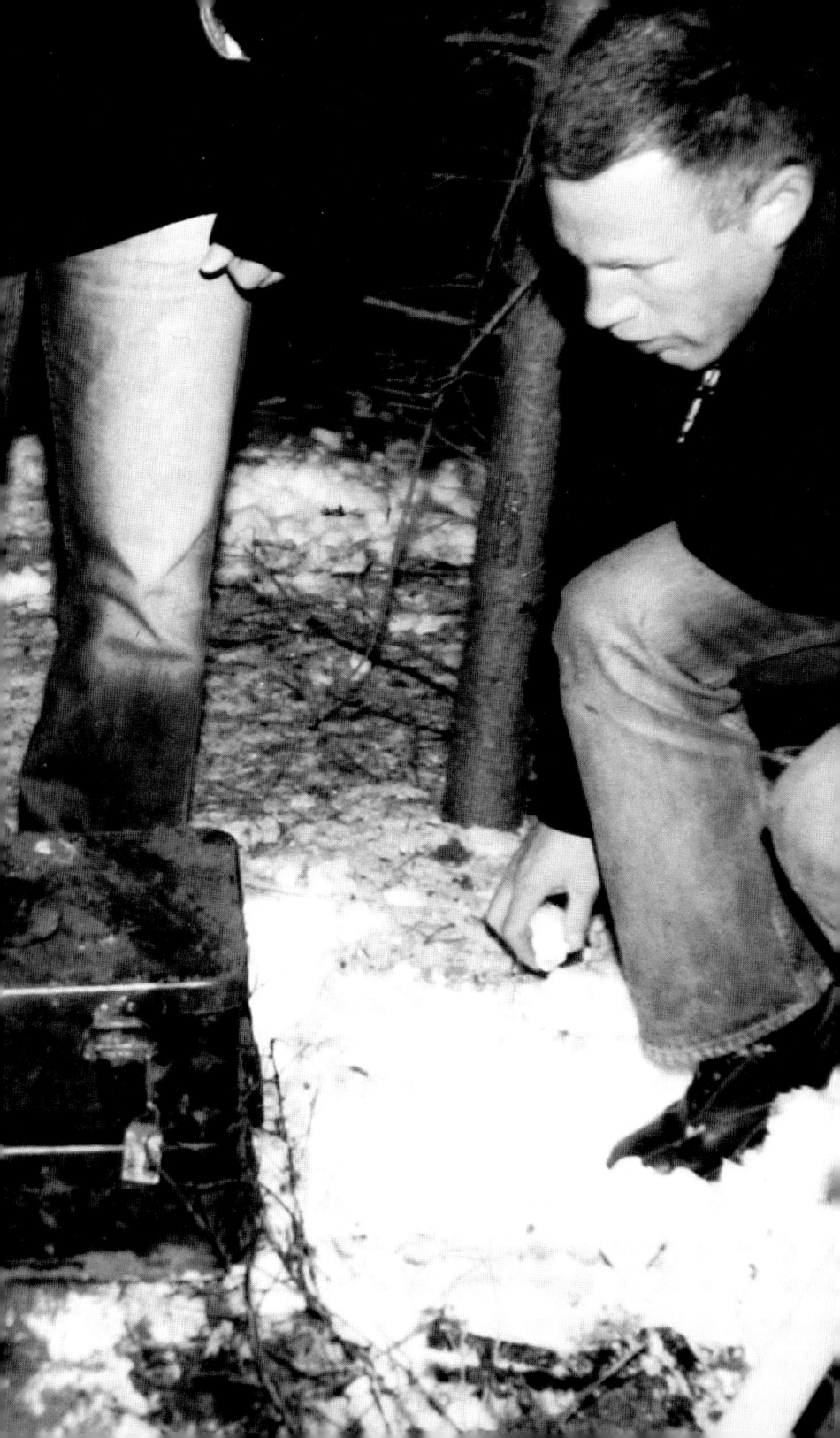

Publikum auf und geht zum Angeklagten nach vor: »Kennen Sie mich noch?«, will sie ihn am Ärmel zupfen, »ich bin die vom Westbahnhof.« Der Richter sorgt rasch für Ruhe.

Innere Gleichgültigkeit

»Bei diesem Fall muss man sich doch fragen«, meldet sich Verteidiger Richard Soyer zu Wort, »was ist im Leben dieses Menschen passiert, dass er so aus der Bahn geworfen wurde?«
Sehr tüchtig und erfolgreich im Beruf, Familie, zwei Kinder, Haus mit Garten.
»Zuerst die Scheidung, er hat es kaum verkraftet, dass sich seine Frau jemand anderem zugewendet hat.« Und dann sein persönlicher 11. September: Genau an diesem Tag im Jahr 2002 bekam er die Diagnose Krebs. Seine Ärzte hatten ihm gesagt, dass er mit einer Wahrscheinlichkeit von 50 Prozent binnen zehn Jahren wieder mit Metastasen rechnen müsse. »Da ist er innerlich gleichgültig geworden«, berichtet sein Verteidiger. Der damals 47-jährige Mann sei an den Wochenenden bis in die frühen Morgenstunden von Disco zu Disco gezogen und habe auf diese Weise Ablenkung gesucht.
»Sie haben schon ein paar Tage vor dem Einbruch das Kunsthistorische Museum besucht?«, fragt der Richter.
»Ja, aber nicht wegen der Kunstwerke, ich bin ein paar jungen Italienerinnen nachgegangen, Herr Rat, die *Saliera* war mir völlig wurscht.« Aber aufgefallen sind ihm nicht nur die hübschen Mädchen, sondern auch die Alarmanlagen, »die wa-

Vorhergehende Doppelseite – beim Auffinden der Saliera in einem Wald bei Rastelfeld am 22. Jänner 2006: »Ich bin ein paar jungen Italienerinnen nachgegangen«

ren in einem total veralteten Zustand. Da waren Bewegungsmelder drinnen, die wir vor 15 Jahren bei Kunden abmontiert hatten. Es gab kein Panzerglas, keine gesicherten Vitrinen, keine Außenhautsicherung, keine Innenraumsicherung«, schüttelt der Experte den Kopf. »Durchschnittliche Einfamilienhäuser sind oft besser gesichert«, weiß der Alarmanlagen-Bauer aus seinem Berufsalltag zu berichten.
Als der Wiener gegen vier Uhr früh des 11. Mai 2003 leicht angetrunken (fünf kleine Bier, zwei Tequila) wieder beim *Kunsthistorischen* vorbeikam, will er spontan beschlossen haben: »Die trickse ich jetzt aus.«
Der durchtrainierte Mann holte das nötige Werkzeug aus seinem Auto, schwang sich auf das Baugerüst, kletterte sieben Etagen hoch, durchtrennte eine Jalousie, stieg in das Gebäude ein – und stand plötzlich vor dem berühmtesten Salzfass der Welt. »Ehrlich, Herr Rat, wer hat bei uns schon vor dem 11. Mai die *Saliera* von einem gewissen Benvenuto Cellini gekannt?«, fragt er das Gericht und gibt sich selbst die Antwort: »Ich nicht.« Jedenfalls schlug er mit einem Brecheisen das sechs Millimeter starke Glas der Vitrine ein, packte das Salzfass in weiche Tücher und so schnell, wie er gekommen war, war er auch schon wieder dahin. »Die *Saliera* war reiner Zufall«, beteuert der Angeklagte, »ich hätte alles genommen, was dem Fenster am nächsten war. «
»Wie konnten Sie so leicht auf das Gerüst klettern?«, will der Richter wissen.
Das wäre nicht so schwierig gewesen, das Gerüst war beleuchtet und hatte Treppen. »Wenn Sie 30 Jahre auf Gerüsten verbringen, gehen Sie dort oben herum, als würden Sie spazierengehen. Aber das hätte jeder geschafft«, meint er, »da hätte jeder von uns raufgehen können.«

Nicht ganz: Man hatte den Einbruch von der Spezialeinheit WEGA rekonstruieren lassen und diesen Polizisten ist es drei Stunden lang nicht gelungen, von der Straße aus in den entsprechenden Raum einzudringen.

Der Dieb versteckte seine kostbare Beute in einem Koffer unter dem Bett. »Am nächsten Tag habe ich in den Nachrichten von meinem Einbruch gehört und war sofort putzmunter. Ab sofort hatte ich nur noch Angst, durchgehend Angst. Ist ja ein Wahnsinn!« Medienberichte hätten ihn dann auf die Idee gebracht, Lösegeld zu verlangen. Zuerst forderte er in einem Brief fünf Millionen Euro, später zehn. »Aber ich hätte mich nie getraut, das Geld wirklich abzuholen, nie! Von ganz weit weg habe ich zugeschaut, was die Polizei macht«, schildert er dem Gericht.

»Ich geniere mich irrsinnig«

Im Nachhinein wünsche er sich, dass die Polizei ihn unmittelbar nach dem Einbruch gefasst hätte. »Da wäre mir viel erspart geblieben«, sinniert er, »bei einer Alarmfahndung hätten die mich sicher gekriegt.«

Gleich nach dem Einbruch hat er in der Nähe des Tatorts eine halbe Stunde lang einen Parkplatz gesucht. Die so genannte Schnitzeljagd, die er zur Übergabe des Lösegeldes inszeniert hatte, war das Einzige, was er tatsächlich minutiös geplant haben will.

»Ich wusste aber schon am Vortag, dass ich diesen Plan nicht durchziehen würde. Dazu hatte ich nicht die Nerven.«

Es hätte auch kaum zum Ziel geführt: Die Polizei überwachte die Aktion penibel, in der Tasche war auch kein Löse-, sondern kiloweise Falschgeld.

»Aus Frust« kaufte er eine SIM-Karte für sein Handy, er wollte mit der Polizei anonym Kontakt aufnehmen. Dabei wurde er aber gefilmt und diese Bilder wurden ihm schließlich zum Verhängnis.

»Ich geniere mich für das Ganze irrsinnig«, betont der Angeklagte in seinem Schlusswort und kann auch Tränen nicht unterdrücken.

60.000 Euro hat er übrigens als Schadenswiedergutmachung geleistet, neben dem reumütigen Geständnis ein weiterer Milderungsgrund, den das Gericht berücksichtigen muss.

Im ersten Rechtsgang bekommt der Wiener vier Jahre Haft, dieses Urteil wird jedoch vom Obersten Gerichtshof wegen eines Formalfehlers aufgehoben und in einem neuerlichen Prozess wird der *Saliera*-Dieb zu fünf Jahren Freiheitsstrafe verurteilt. Sowohl der Angeklagte als auch die Staatsanwaltschaft akzeptieren dieses Urteil. Über seine Perspektiven befragt, sagt er: »Wissen Sie, meine Firma ist ruiniert, meine Kinder entfremden sich und mit jedem Monat hier in Haft werde ich immer mehr zum Sozialfall.«

Diese Befürchtung hat sich als unbegründet erwiesen, denn seit dem 20. Oktober 2008 ist der Wiener wieder auf freiem Fuß. Das Landesgericht Steyr hat seinem Antrag auf bedingte Entlassung stattgegeben, er wurde von Angehörigen abgeholt und will in der Bundeshauptstadt ein neues Leben beginnen. Der *Saliera*-Dieb hat in der Justizanstalt Garsten zwei Jahre und neun Monate Haft abgesessen und sich in dieser Zeit intensiv mit seiner Zukunft auseinandergesetzt. Er hat sowohl eine Wohnung als auch Arbeit gefunden.

»Er hat uns eine Arbeitsbestätigung vorgelegt und kann sofort nach seiner Entlassung bei einer Firma anfangen«, bestätigt der Anstaltsleiter. Während der Haft hat sich der Wiener

»mustergültig« verhalten. »Er genießt den besten Ruf und war sehr tüchtig. Selbst seine Kunden tragen ihm nicht nach, was er getan hat.« Der Wiener will ein »unspektakuläres Leben führen«, betont sein Anwalt Richard Soyer, »er wird sich nicht als Held aufführen und auch keine Interviews geben. Er hat eine Straftat begangen, zu der es nur unter besonderen Lebensumständen gekommen ist.«

Post Scriptum

Wertvolle Kunstwerke werden immer wieder zu beliebten Beutestücken von Dieben und nur selten haben sie einen derart persönlichen Hintergrund wie im Fall des »Saliera«-Diebes. Meist steht das finanzielle Interesse im Vordergrund und nicht selten sind Kunstdiebstähle ganz gezielte Auftragsverbrechen. Das beliebteste Ziel von Kunstdieben sind die Werke des spanischen Malers Pablo Picasso. Erst am 7. Februar 2008 verschwanden aus einer Ausstellung in Pfäffikon am Zürichsee zwei Picasso-Bilder. Gemäß dem internationalen »Art-Loss«-Register sind rund 600 Picassos als gestohlen gemeldet. Ein Jahr zuvor wurden aus der Pariser Wohnung der Picasso-Enkelin Diana Widmaier-Picasso drei Gemälde ihres Großvaters im Wert von 50 Millionen Euro entwendet. Die Polizei verhaftete die Diebe beim Versuch, die Bilder zu verkaufen.
Mitten im Karnevalstrubel im Februar 2006 stürmten mindestens vier mit Maschinengewehren und Handgranaten bewaffnete

Männer das Chacara do Ceu Museum in Rio de Janeiro. Sie überwältigten die Wachleute und verschwanden mit vier Bildern von Picasso, Dali, Monet und Matisse im Wert von rund 40 Millionen Euro.

Ebenfalls mit Waffengewalt entwenden zwei Kunsträuber im August 2004 die weltberühmten Bilder »Der Schrei« und »Madonna« von Edvard Munch vor den Augen entsetzter Besucher aus dem Munch-Museum in Oslo. Schätzwert: 100 Millionen Euro. Zwei Jahre später können die Bilder sichergestellt werden.

Aus dem Nationalmuseum in Bagdad werden während der Plünderungen in Folge des Irak-Kriegs zahlreiche bedeutende Kunstwerke gestohlen. Experten sprechen von einer »Katastrophe für das Kulturerbe.«

Der international tätige Kunstdieb Stephane Breitwieser stiehlt im Zuge seiner Diebestouren durch mehrere europäische Staaten 239 Werke von zum Teil unschätzbarem Wert. Darunter aus dem Tiroler Landesmuseum das ovale Ölbild »Flötenspielender Knabe« von Gerard Dou. Es ist vermutlich unwiederbringlich verloren, denn nach seiner Verhaftung in der Schweiz im Jahr 2001 entledigte sich Breitwiesers Mutter der Sammlung: Sie warf einen Großteil der Beute in den Rhein-Rhône-Kanal bei Straßburg. Die alten Gemälde zerschnitt sie nach eigener Aussage und entsorgte sie im Müll.

Schließlich noch der größte Diebstahl in der jüngeren Geschichte: 1991 wurden aus dem Van-Gogh-Museum in Amsterdam 20 Bilder im Wert von 436 Millionen Euro gestohlen. Wenig später werden die Kunstwerke unversehrt in einem verlassenen Auto wieder gefunden.

Giftattacke mit Strychnin

Ein Wachauer Heurigenwirt präpariert eine Schokopraline mit Rattengift. Das Opfer: Der Bürgermeister von Spitz/Donau. Der heimtückische Mordanschlag endet mit lebenslanger Haft.

Dieser Samstag – es ist der 9. Februar 2008 – beginnt wie jeder andere Tag im Haus des Spitzer Bürgermeisters Hannes Hirtzberger. Nur eine Kleinigkeit, an sich nichts Besonderes, unterscheidet den kühlen Wintermorgen von anderen Tagen: Ehefrau Renate hat hinter dem Scheibenwischer eingeklemmt auf dem Pkw ihres Mannes ein Kuvert samt einer eingewickelten Schokopraline gefunden. Auf einer Grußkarte war ein Kompliment zu lesen: »Du bist etwas ganz Besonderes für mich.« Kein Absender, kein Hinweis auf den Schreiber, nichts. Sie zeigt ihrem Mann das Fundstück und schmunzelt: »Sag', hast Du eine Verehrerin?«
Hannes Hirtzberger wirft einen Blick darauf und sagt lächelnd: »Schaut so aus, aber ich weiß nicht, wer es ist.« Beide lachen. Ein paar Monate später beim Prozess erinnert sich Renate Hirtzberger unter Tränen an diese Begebenheit: »Das war unser letztes gemeinsames Lachen.«
Der 56-jährige Bürgermeister von Spitz an der Donau, im bürgerlichen Beruf Rechtsanwalt, macht sich fertig, er nimmt die Praline, wickelt sie aus, wirft das Papier in den Abfallkübel und geht zu seinem Pkw. Er will in seine Kremser Anwaltskanzlei fahren. Doch weit kommt er nicht: Nach ein paar Kilometern im Ortszentrum von Unterloiben hält er seinen Wagen am Straßenrand an und ruft unter heftigen Krämpfen einer Passantin zu: »Hilfe! Ich habe eine Praline gegessen und bin vergiftet worden.« Dann setzt seine Atmung aus, er verliert das Bewusstsein. Zwei Sanitäter sind rasch zur Stelle und halten ihn am Leben, im Krankenhaus Krems wird

Helmut Osberger, der Pralinenattentäter

Hirtzberger sofort in künstlichen Tiefschlaf versetzt. Als seine Frau die Nachricht von einer möglichen Vergiftung hört, hat sie sofort einen Verdacht: »Das kann doch nur diese Schokopraline gewesen sein.«

Trotz intensiver medizinischer Betreuung schwebt Hannes Hirtzberger wochenlang in akuter Lebensgefahr.

Söhne sollten falsche Spur legen

Auf der Innenseite des Grußbillets kann eine konkrete DNA-Spur sichergestellt werden und im Zuge der fieberhaften Suche nach dem heimtückischen Täter kündigt die Polizei öffentlich an, dass mögliche Verdächtige zu einem genetischen Test geladen würden.

Diese Nachricht lässt offensichtlich niemanden in der Bevölkerung nervös werden – nur ein einziger ist plötzlich auf das Höchste alarmiert: Helmut Osberger, 56, ein langjähriger Bekannter des Spitzer Bürgermeisters. Er richtet an seine beiden erwachsenen Söhne eine scheinbar abstruse Bitte: Sie sollen in ein Marmeladeglas spucken. Ein Sohn lehnt empört ab, der andere macht, was sein Vater, »ein Despot« wie sie ihn nennen, verlangt. Auf diese Weise will Osberger – davon ist Staatsanwalt Friedrich Kutschera überzeugt – seinen eigenen Mundhöhlenabstrich mit dem genetischen Fingerabdruck seines Sohnes verfälschen und so aus dem Kreis der Verdächtigen in diesem Kriminalfall ausscheiden.

»Wer macht denn so etwas?«, wird Monate später der Ankläger die Geschworenen fragen, »diese Verhaltensweise ist doch nur vom Täter zu erwarten.«

Helmut Osberger, ein Weinbauer aus Spitz an der Donau: Seit 35 Jahren kennt er Hannes Hirtzberger. Eine lose Bekanntschaft, einmal hat Hirtzberger den Weinbauern auch anwaltlich vertreten.

1992 kauft Osberger seinem Vater den so genannten *Klosterhof* ab, einen Gebäudekomplex, umgeben von großen Weingärten. Später wollte Osberger alles verkaufen und 40 Reihenhäuser auf dem Grundstück bauen. Das aber lehnte die Gemeinde kategorisch ab. Dann liebäugelte er wiederum mit dem Bau einer Moschee und zuletzt sollte auf dem hoch verschuldeten Anwesen ein Thermenhotel entstehen. Doch dafür fehlte die Widmung und für die Widmung fehlten zudem konkrete Pläne und eine Finanzierungsstudie. Beides konnte Osberger nicht vorlegen, er suchte nach Investoren, fand aber keine. Außerdem schaltete sich 2007 das Bundesdenkmalamt ein. Die Behörde befand den *Klosterhof* als ehemaligen Zehenthof für schutzwürdig und damit sind vermutlich alle größeren Umbauarbeiten an den Gebäuden untersagt. Die Pläne von Helmut Osberger – Schuldenstand schon zu diesem Zeitpunkt etwa 1,3 Millionen Euro – scheinen für immer begraben zu sein.

Der Ankläger sieht im ständigen Hickhack mit der Gemeinde auch ein Motiv für die Tat: »Osberger hat zu Recht oder zu Unrecht vermutet, dass der Bürgermeister der Umwidmung des *Klosterhofs* im Weg stand.« Die Anklage lautet auf versuchten Mord, demnach wollte Osberger Hannes Hirtzberger mit einer Praline, die mit 700 Milligramm Strychnin vergiftet war, töten.

Torte mit Ketchup

Der Prozess findet im Mai 2008 statt, nur drei Monate nach der Tat. Die schwere Eisentür zum Gefängnis im Kremser Landesgericht wird geöffnet, Heurigenwirt Helmut Osberger quert inmitten der Justizwachebeamten den Gang und freut sich über die vielen Fotografen. Mit einem breiten Lächeln dreht er sich zu den Journalisten um, und hätte ihn sein Verteidiger nicht gestoppt, dann wäre der Angeklagte gern zu einem Interview bereit gewesen. Genau an dieser Stelle hat das die legendäre Giftmischerin Elfriede Blauensteiner zehn Jahre zuvor tatsächlich getan.

»Wenn Sie so nett sind und in der Mitte Platz nehmen«, lädt Richterin Ingeborg Kristen den Angeklagten zum Weitergehen ein. Er ist so nett.

»Beruf?«

»Önologe«, sagt er, Weinbaufachmann.

»Was sagen Sie zu dieser Anklage? Fühlen Sie sich schuldig?«

»Nein«, schüttelt er heftig den Kopf und nochmals »nein«.

»Waren Sie mit Herrn Hirtzberger befreundet?«

Er denkt länger nach und sagt dann: »Wenn man zwischen einem Freund und einem guten Freund differenziert, dann war er ein Freund.«

»Sagen Sie, Herr Osberger, stimmt das?«, rückt sich die Richterin die Brille zurecht, »Sie haben Hannes Hirtzberger einmal eine Torte geschickt? Aber anstatt mit Creme soll die Torte mit Ketchup verziert gewesen sein?«.

Da lacht der Angeklagte laut auf, das gefällt ihm und er klopft sich ein paar Mal auf den Oberschenkel »ja ja«.

»Warum machen Sie so etwas? Sind Sie vielleicht ein Spaßvogel?«

»Frau Rat, Hirtzberger hat mir einfach eine Straße gesperrt und ich wollte ihm witzig eine reiben.«

Humor nach Osberger Art. Und noch etwas: Mit dem Verfälschen von Lebensmitteln hat er offenbar Erfahrung.

Mit Spritze Praline präpariert

Der Wiener Gerichtsmediziner Christian Reiter rückt als Sachverständiger in den Mittelpunkt des Prozesses. Er hat die Art und Menge des verabreichten Gifts berechnet sowie Versuche gemacht, auf welche Weise das Gift überhaupt in die Praline gelangen konnte. Schon bald, berichtet er, war klar, dass Hirtzberger mit dem Rattengift *Strychnin* vergiftet worden war. »Das konnte eindeutig nachgewiesen werden, und die Menge würde ich bei 700 Milligramm ansetzen.« Nachsatz: »Das ist aber nur ein Richtwert, man kann mir sofort 100 Milligramm herunterhandeln.« 100 Milligramm. Schon das allein wäre eine Menge, die absolut tödlich ist. »Üblicherweise«, so Reiter, »führt schon eine Dosis von 0,5 bis 1 Milligramm pro Kilogramm Körpergewicht zum Tod.« In der Literatur wird von Fällen berichtet, wonach Menschen schon nach 30 bis 40 Milligramm Strychnin gestorben sind.

Wie aber, und das ist eine der Kernfragen, also wie bringt man 700 Milligramm Strychnin (das sind 0,7 Gramm) in eine Praline? Wie ist das technisch überhaupt möglich?

»Ich habe dieses Experiment daheim auf dem Küchentisch gemacht und mit einer Kamera festgehalten«, leitet Reiter seine Video-Präsentation ein. Man sieht also, wie der Mediziner eine Spritze »wie für eine Blutabnahme« nimmt, die Praline vorsichtig durchsticht und langsam den Kirschlikör aus dem Inneren in die Spritze absaugt.

»Vorher habe ich das Strychnin im Mörser zerstoßen, damit es feinpudrig wird und sich mit dem Likör besser mischt. Nach langem Schütteln entsteht eine honigartige Paste, die Reiter wieder durch das Loch zurück in die Praline spritzt. »Da muss man aber fest drücken, damit das funktioniert.« Schließlich lötet er noch ein winziges Stück Schokolade auf das Loch, verstreicht es und fixiert die Verpackungsfolie der Praline mit Superkleber. »Und fertig ist die tödliche Praline.« Hirtzberger hat bekanntlich die Praline noch zu Hause ausgewickelt und die Folie in den Mülleimer geworfen. Auf dieser Folie wurden nicht nur Spuren eines Superklebers gefunden – ein Beleg dafür, dass die Praline geöffnet, vom Täter mit Gift präpariert und danach wieder verschlossen worden war. Und: Die genaue Untersuchung der Folie hat auch angetrocknete Abriebspuren von Strychnin ans Tageslicht gebracht. Der Kreis hat sich geschlossen.
Dieses Gutachten stößt beim Angeklagten und der Verteidigung freilich auf wenig Gegenliebe.
»Ich habe meine eigenen Berechnungen gemacht«, ruft Osberger laut in den Gerichtssaal, »was der Gutachter sagt, kann überhaupt nicht stimmen!« Mit einem scharfen Blick in den Zuschauerraum fragt er: »Kriegt das die Presse hinter mir eh mit?«
»Strychnin schmeckt doch extrem bitter, warum hat Hannes Hirtzberger die Praline nicht sofort ausgespuckt?«, will ein Verteidiger wissen.

Vorhergehende Doppelseite – Helmut Osberger vor seinem Prozess am 20. Mai 2008: »Ich bin unschuldig!«

»Diese Praline ist kein Bonbon, das man lange lutscht«, erläutert der Sachverständige, »man nimmt es in den Mund, zerbeißt und schluckt es.«
Hirtzberger muss auch bemerkt haben, dass mit dieser Süßigkeit etwas nicht stimmt. Sofort nach seinem Zusammenbruch, so berichtet eine Zeugin, hat das Opfer von einer »vergifteten Praline« gesprochen.
Bei einer Durchsuchung des *Klosterhofs* hat die Polizei weder Strychnin noch Injektionsnadeln sicherstellen können.
Das überrascht den Ankläger aber nicht: »Natürlich hat der Angeklagte alle Spuren der Tat zu beseitigen versucht. Eine andere Vorgangsweise wäre von ihm auch nicht zu erwarten gewesen. Ein Zeuge hat uns gesagt, dass Osberger schon von seinem Vater lernte, immer besonders vorsichtig und auf der Hut zu sein.«

Sohn wünscht Vater lebenslang

Eine andere Frage an den Angeklagten: Wie könne er sich seine DNA-Spur auf der Innenseite der Grußkarte erklären? »Ich habe lang darüber nachgedacht«, sagt er dann, »das war wohl reiner Zufall. Irgendwer muss mir diese Karte in die Hand gedrückt haben, ich habe sie angegriffen und schon sind meine Spuren darauf«, will er dem Gericht eine kühne These weismachen.
Eine andere Variante: »Im *Klosterhof* hat mir jemand ein Taschentuch aus meinem Mantel genommen und schon hat man meine DNA-Spur. So einfach geht das.«
Und noch eine andere Frage: Warum hat er seine erwachsenen Söhne genötigt, in ein Marmeladeglas zu spucken? Wie kommt die DNA des Sohnes in den Mund des Angeklagten?

»Über meine Kinder rede ich prinzipiell nicht«, weicht er der Frage aus, »ich sage doch nicht gegen meine Söhne aus.« Die Kinder wären in den vergangenen Wochen einem »starken medialen Druck« ausgesetzt gewesen, »sie haben genug mitgemacht.«

Ein Sohn hat in einer früheren Aussage erklärt, dass sein Vater eine Art »schwarze Liste« angelegt hätte. »Bevor er stirbt, muss er noch diese Liste abhaken«, soll Osberger zu seinem Sohn gesagt haben.

Was das konkret heißen soll?

»Der Vater hat gesagt, dass er, bevor er ins Gras beißt, noch alle umbringen muss, die ihm jemals etwas Schlechtes getan haben. Und da hat er konkret den Hirtzberger genannt.« Im Übrigen wünsche er seinem Vater eine »lebenslange Haftstrafe.«

Die Richterin verliest auch noch die Aussage einer Tochter des Angeklagten. Als sie von der Vergiftung des Hannes Hirtzberger gehört hatte, dachte sie sich nur: »Das wird doch hoffentlich nicht mein Vater gewesen sein.«

Für den Staatsanwalt ist die Sache klar: Der Angeklagte habe sich vor Gericht als durchaus »freundlich, nett und umgänglich präsentiert, doch so ist er nicht, das ist nicht sein wahres Gesicht.« Osberger hätte einen regelrechten Hass auf Hirtzberger gehabt, weil der Bürgermeister der Umwidmung seines Grundstücks in Bauland nicht zustimmte. »Das war das Motiv für die Tat«, ist Kutschera überzeugt. »Wie kann denn die DNA von Osberger auf die Grußkarte gelangen?«, fragt er und gibt auch gleich die Antwort: »Es gibt dafür nur eine einzige Erklärung: Die Spur stammt vom Täter und das ist Helmut Osberger.«

Sechs Stunden beraten die Geschworenen, der Wahrspruch

fällt einstimmig aus: Mit 8:0 Stimmen ist Osberger schuldig des versuchten Mordes, 20 Jahre Freiheitsstrafe.
»Das nehme ich nicht an!«, ruft er den Laienrichtern zu, »ich bin unschuldig.« Dann wird er in seine Zelle gebracht.

Verurteilung in oberster Instanz

Ein Senat des Obersten Gerichtshofs muss sich mit dem Fall beschäftigen – doch die Beschwerde des Angeklagten hatte keinen Erfolg, im Gegenteil. Die Strafe wird von 20 Jahren auf eine lebenslange Freiheitsstrafe hinaufgesetzt. Die Richter messen der Heimtücke der Tat ein besonderes Gewicht zu. »Das Vorgehen, eine Schokopraline so zu präparieren, dann wieder zu verschweißen und am Auto zu fixieren, wo auch Kinder hinlangen können – also wenn das nicht heimtückisch ist, dann weiß ich nicht.« Und noch etwas: »Wenn man seinen eigenen Sohn eine DNA-Spur legen lässt, um von sich selbst abzulenken, dann ist das kaum zu überbieten«, argumentiert der Vorsitzendes des Senats, Eckart Ratz. »Wir sind der Meinung, da gibt es nur eine Antwort und die heißt lebenslang.«
Damit ging der Wunsch des Sohnes des Angeklagten in letzter Instanz doch noch in Erfüllung.
Ein Detail am Rande: Die Verteidigung führte unter anderem als Nichtigkeitsgrund an, dass ein Geschworener während der Verhandlung immer wieder eingeschlafen sei – was im Übrigen auch bei anderen Prozessen zu beobachten ist, wird doch die Konzentration der Laienrichter aufs Höchste gefordert.
Dazu Eckart Ratz: »Das ist wie mit einer kaputten Glühbirne, deswegen reißt man auch nicht gleich das ganze Haus ab.« Sollte einer der Geschworenen tatsächlich »einmal kurz un-

aufmerksam« gewesen sein, dann bedeutet das nicht zwangsläufig, dass das Urteil deshalb nichtig ist.

Helmut Osberger zeigt bei der Strafe »lebenslang« keinerlei Regung. »Ich habe keinen Grund, dem Hannes etwas anzutun, wenn ich einen Wunsch freihätte, dann würde ich wollen, dass Hannes wieder munter wird.«

Post Scriptum

Ein frommer Wunsch des rechtskräftig verurteilten Täters. Tatsächlich grenzt es im wahrsten Sinn an ein Wunder, dass Hannes Hirtzberger diesen Giftanschlag überlebte. Die Menge von 700 Milligramm Strychnin sind in jedem Fall ein Vielfaches der für Menschen tödlichen Dosis. Warum aber konnte Hirtzberger überleben? Die Kette der Hilfsmaßnahmen war von Anfang an optimal: Zwei Sanitäter waren sehr rasch zur Stelle, in lebensbedrohlichem Zustand, aber notärztlich versorgt, wurde das Opfer in das Krankenhaus Krems eingeliefert und in künstlichen Tiefschlaf versetzt.

»Ohne rechtzeitige Reanimation durch die Sanitäter wäre sicher der Tod eingetreten«, ist Gerichtsmediziner Christian Reiter überzeugt. Erst nach mehreren Wochen wurde die Aufwachphase eingeleitet und der 55-Jährige zur neurologischen Rehabilitation in das Krankenhaus St. Pölten überstellt. Im November 2008 kam Hannes Hirtzberger wieder nach Hause. Die Vergiftung durch Strychnin hatte schwere, irreparable Schäden des Gehirngewebes

bewirkt. Nach dem Gutachten von Christian Reiter muss man von schweren Dauerfolgen ausgehen und mit einer lebenslangen Behinderung rechnen. Hannes Hirtzberger liegt im Wachkoma und wird zu Hause gepflegt.
Strychnin ist ein sehr giftiges Alkaloid, das in den Samen der Gewöhnlichen Brechnuss (Strychnos nux-vomica) und der Ignatius-Bohne Ignatia amara vorkommt. Bereits in geringen Dosen bewirkt Strychnin eine Starre der Muskeln. Es wurde früher auch als Rattengift verwendet und ist in Wasser kaum, in Alkohol und Chloroform gut löslich.
In der Heilkunde wird Strychnin in entsprechender Dosierung als Analeptikum eingesetzt und zählt in Form der Brechnusssamen zu den angewandten homöopathischen Arzneimitteln. Im Gegensatz zur Darstellung in Kriminalromanen eignet sich Strychnin schlecht zum Mord durch (orale) Vergiftung, da es noch in einer Verdünnung von 1:130.000 geschmacklich wahrnehmbar ist. Strychnin zählt zu den bittersten Substanzen, die bekannt sind. Dennoch sind vereinzelte auf Vergiftung mit Strychnin zurückzuführende Morde dokumentiert. So brachte der Serienmörder Thomas Neill Cream einen Teil seiner Opfer in den USA und England mit Hilfe von Strychnin um.

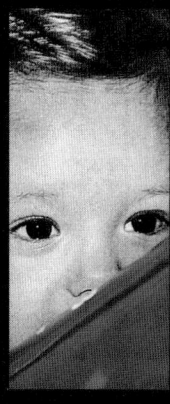

Der »Fall Luca«

Ein 23-jähriger Mann liebt »Kinder über alles«. Die Perversion dieser »Liebe« gipfelt im qualvollen Tod eines 17 Monate alten Buben. Auch die Mutter des Kindes und eine Sozialarbeiterin stehen vor Gericht.

Das ist die Geschichte vom kurzen Leben des kleinen Luca. Ein Kind, ein Baby noch, das nur 17 Monate auf dieser Welt sein durfte. Gestorben ist Luca an den Folgen eines Gehirnödems, ein qualvolles Sterben ist seinen letzten Atemzügen vorausgegangen. Schon früh im Leben des kleinen Luca haben Ärzte an seinem Körper Misshandlungen festgestellt, doch Konsequenzen gab es keine. Erst nach dem Tod des Kindes schrillte der Alarm. Spät, viel zu spät.

Die Zeittafel:

- Allerheiligen 2007: Mit schweren Kopfverletzungen wird Luca mit dem Notarzthubschrauber in ein Wiener Krankenhaus geflogen. Die Ärzte stellen mit ihrer Diagnose bereits das unwiderrufliche Ende des kleinen Buben fest: Hirntod.
- 2. November: Die niederösterreichische Sicherheitsdirektion wendet sich erstmals an die Öffentlichkeit: Der Lebensgefährte der Mutter, ein 23-jähriger Mann, wird verhaftet. In den vergangenen Monaten sollen dem Kind in Niederösterreich und Tirol »immerwährende Gewaltanwendungen« – wie es offiziell heißt – zugefügt worden sein. Lediglich von »schweren Blessuren« ist am Anfang die Rede.
- 3. November: Der Todestag von Luca. Ohne noch einmal aufzuwachen, stirbt das Kind an seinen Kopfverletzungen. Von seinen Leiden ist das kleine Geschöpf erlöst. Auch seine Mutter, eine 22-jährige Tirolerin, wird in Haft genommen.
- 6. November: Für die Frau öffnen sich nach drei Tagen wieder die Gefängnistore, ihr Freund steht als Hauptverdäch-

Symbol für alle missbrauchten Kinder: Luca

tigter im Visier der Ermittler. Doch der Mann schweigt. Er sagt nichts zu den schweren Vorwürfen, dass er mit dem Tod von Luca etwas zu tun haben könnte. Heftige Kritik übt der leibliche Vater an den Behörden: Jugendschutzeinrichtungen wären längst über Misshandlungen an dem Kind informiert gewesen.

- 7. November: Die Behörden weisen die Vorwürfe des Vaters zurück. Der Freund der Mutter wäre ohnehin überprüft worden, weder konnte man psychische Probleme noch ein aggressives Verhalten des jungen Mannes feststellen. Demnach gab es für die Tiroler Jugendwohlfahrt keinen Grund, »den Buben aus der Situation herauszunehmen.« An diesem Tag wird auch die Leiche von Luca gerichtsmedizinisch untersucht: Ohne Zweifel steht nun fest, dass der Bub keines natürlichen Todes gestorben ist.
- 8. November: Die Jugendwohlfahrt gibt Details aus ihren Akten bekannt: Es sei richtig, zwei Vorfälle mit Luca wurden »medizinisch genau überprüft«. Anfang Juli 2007 wurde das Kind mit Verletzungen an Kopf und Gesäß in das Krankenhaus Mödling gebracht und von dort nach Innsbruck in ein Spital überstellt. Doch der Verdacht auf eine Misshandlung konnte von den Ärzten nicht erhärtet werden.
- 22. November: Jugendwohlfahrtsbehörden in Niederösterreich und Tirol werden angezeigt. Dem ORF werden Fotos von Luca zugespielt, die das Kind mit Verletzungen – mehrere blau unterlaufene Flecken – zeigen. Diese Bilder sollen im Juli des Jahres im Krankenhaus Mödling gemacht worden sein.
- 24. November: Zum ersten Mal sickert der Verdacht durch, dass Luca auch sexuell missbraucht worden sein könnte. Ein Oberst der Polizei bestätigt den schwerwiegenden Vorwurf.

Die Mutter des Kindes betont in der Öffentlichkeit, dass sie am Tod ihres Sohnes »völlig schuldlos« sei.
- 18. Dezember: Der Bub wird in Tirol in der Heimatgemeinde der Mutter beerdigt.
- 21. Dezember: Ein Gutachten der Wiener Gerichtsmedizin bestätigt erstmals den Verdacht, dass Luca tatsächlich auch sexuell missbraucht worden ist.
- 3. März 2008: Die Ermittlungen sind offiziell abgeschlossen, die Ergebnisse aller Gutachten liegen bei der Staatsanwaltschaft Korneuburg, die für die weitere Vorgangsweise verantwortlich zeichnet.
- 6. Mai: Die Anklage gegen den Freund der Mutter, den 23-jährigen Fritz Dorazil, wird eingebracht: Dem Mann wird schwerer sexueller Missbrauch von Unmündigen mit Todesfolge vorgeworfen. Ein Verbrechen, das mit lebenslanger Freiheitsstrafe geahndet werden kann. Ungeachtet dieser Anklage läuft auch gegen die Kindesmutter sowie gegen Behördenvertreter und Ärzte ein Verfahren.
- 25. September: Am Landesgericht Korneuburg beginnt der Prozess.

»Ich liebe Kinder über alles«

Korrekt vom Scheitel bis zur Sohle: Bügelfalte in der dunkelblauen Hose, weißes Hemd, Krawatte, heller Pullover, schwarz polierte Schuhe, kurzer Kinnbart.

»Ein sehr ordentlicher Mensch«, loben Zeugen den Angeklagten Fritz Dorazil, inzwischen 24 Jahre alt. Ein gelernter Tischler, »sehr fleißig und kinderlieb.«

Staatsanwältin Martina Weiser schlägt hingegen eine gänzlich andere Seite dieses hageren, hochgeschossenen Mannes auf und öffnet den Blick in den düsteren Abgrund einer menschlichen Seele: Er hätte Luca, den kleinen Sohn seiner Lebensgefährtin, derart schwer sexuell missbraucht, dass der 17 Monate alte Bub nach einem Schütteltrauma, hervorgerufen durch heftigen Analverkehr, nicht mehr zu retten war. »Fritz Dorazil leugnet alles«, bemerkt die Anklägerin, »er hat uns bisher mehrere Versionen aufgetischt und wir sind gespannt, was er uns heute berichten wird.«

Das nimmt Richter Gernot Braitenberg sofort auf: »Erzählen Sie doch, Herr Angeklagter.«

Und dann erzählt dieser Mann. »Ich liebe Kinder über alles«, betont er wieder einmal, »ich habe diese Frau und Luca geliebt, wir wollten heiraten.«

Seine Anwältin ergänzt noch aus einem Gutachten, dass DNA-Spuren des Angeklagten zwar auf der Strampelhose von Luca und auf der Strumpfhose gefunden worden sind, jedoch könnten diese Spuren auch beim Wickeln des Kindes entstanden sein.

Der Richter lässt keine Fragen zu, die das Vorleben des Paares betreffen: Zum Beispiel, dass ein Tiroler Jugendamt der Mutter untersagte, mit dem kleinen Luca zu ihrem Freund nach Schwechat zu fahren. »Das ist ein anderer Prozess, nicht unserer«, blockt der Richter dieses Thema konsequent ab.

Rote, blaue, grüne, gelbe Flecken

Die Frau setzte sich also über die Weisung der Behörde hinweg, abwechselnd lebte das Paar in Tirol und in Niederösterreich. Wieder einmal war die Mutter zweier Kinder mit Luca zu Gast im Elternhaus von Dorazil.

»Das war am 1. November 2007, was war an diesem Tag ge-

nau, Herr Angeklagter? Welche Version bieten Sie uns heute an?«, will der Richter wissen.
Nicht die Unfallversion, wonach der Kleine über eine Stiege gestürzt wäre, sondern jene: In der Nacht führten er und seine Freundin im Nebenjob Zeitungen aus, in der Früh kamen die beiden nach Hause. Das Paar ging schlafen, gegen Mittag wachte Dorazil durch das Quengeln von Luca auf. »Ich ging in den Keller, wo Luca in seinem Gitterbett gelegen ist. Er streckte mir seine Arme entgegen«, erzählt der Angeklagte, »er wollte aus dem Bett genommen werden.« Gemeinsam mit seiner Freundin wurde die Windel gewechselt.
»War etwas Auffälliges zu sehen?«
»Vielleicht ein Kratzer«, überlegt Dorazil, »und ein paar blaue Flecken.«
»Flecken?«, wiederholt der Richter, »wo? Rote, blaue, grüne, gelbe? So wie die auf diesem Foto?«, zeigt der Richter die Bilder von dem misshandelten Kind.
Ein kurzer Blick, »nein, solche nicht«.
»Welche dann?«
»Andere.« Die Mutter cremte den Popo des Kleinen mit einer Salbe ein und dann will der Angeklagte Luca wieder zurück in das Gitterbett in den Keller gebracht haben. »Das Kind wirkte müde«, erklärt er den Geschworenen.
»Noch einmal«, bleibt der Richter hartnäckig, »was ist mit diesen Flecken?«
»Damit habe ich nichts zu tun.«
»Wenn nicht Sie, wer dann?«
»Ich habe viel gearbeitet«, erzählt Dorazil, »vielleicht hatte meine Freundin noch einen Liebhaber«, versucht er ohne näheren Anhaltspunkt den Verdacht auf einen unbekannten Mister X zu lenken. »Beim Vorbeigehen habe ich zufällig

gesehen, wie Luca aus dem Mund geblutet und die Augen verdreht hat.«

»Haben Sie das Kind geschüttelt?«

»Nein, zu diesem Zeitpunkt nicht. Ich habe Luca sofort zu seiner Mutter gebracht.«

Die Frau schüttete ihrem bewusstlosen Kind kaltes Wasser ins Gesicht, doch vergeblich: Das Kind kam nicht mehr zu sich. Die Rettung wurde gerufen, zwei Tage später war Luca tot.

Scheu und zögernd wird die Kindesmutter in den Gerichtssaal gebracht. Der Angeklagte wird auf ihren Wunsch hin vorübergehend aus dem Saal geführt, sie will nicht mit ihm konfrontiert werden. Von einer »guten Beziehung« spricht die 23-jährige Tirolerin, sie wäre »sehr verliebt« gewesen. Schattenseiten?

Ihr fallen keine ein. Weinend hält sie sich die Hände vor das Gesicht, während der Richter nach den Fotos sucht. An diesem 1. November ist ihr nichts Besonderes aufgefallen – bis zu dem Zeitpunkt, als Dorazil mit dem leblosen Kind in den Armen zu ihr gelaufen kam. »›Luca!‹, habe ich gerufen, ›Luca! Luca!‹.«

»Haben Sie nicht sofort gefragt, was überhaupt los ist?«

»Ja, natürlich. Fritz hat gesagt, Luca hätte plötzlich die Augen verdreht.«

»Frau Zeugin«, fragt der Richter leise, »trauen Sie Ihrem Ex-Freund eine solche Tat zu?«

Sie zögert und sagt dann: »Dazu will ich nichts sagen.«

»Das Kind ist so komisch«

Ein gerichtsmedizinischer Gutachter über die Verletzungen des Kindes: frische Hämatome, zahlreiche Einblutungen am

Kiefer und an den Netzhäuten. Das Gehirn war zum Zeitpunkt der Einlieferung in das Spital bereits großteils abgestorben, sein Zustand hoffnungslos und irreversibel. Massiv überdehnt sein After. Ein Sturz über die Kellertreppe – wie das der Angeklagte mehrmals behauptet hatte – können diese Verletzungen nicht erklären.

Der nächste Tag, das Urteil wird erwartet. Teilnahmslos sitzt er da, irgendwie in ein Luftloch starrend, ohne Emotion in die eine oder andere Richtung. Fritz Dorazil schüttelt nicht den Kopf beim Plädoyer der Staatsanwältin, er stimmt dem Verteidigungsschwall seiner Verteidigerin nicht zu. Nichts. Er sitzt auf der Anklagebank und reagiert überhaupt nicht auf die Dramatik des Falls. Als ob er nichts, überhaupt nichts mit dem grässlichen Tod des 17 Monate alten Luca zu tun hätte. Als ob er irgendwie versehentlich in diesen Prozess gerutscht wäre.

»Wir wissen«, sagt die Staatsanwältin, »dass Fritz Dorazil den kleinen Luca auf fürchterliche Weise sexuell missbraucht und dadurch dessen Tod verursacht hat.« Von den unbeschreiblichen Qualen des Kindes spricht die Anklägerin, von den eindeutigen Spuren. Zwei DNA-Stränge des Angeklagten wurden auf der Kleidung des Kindes sichergestellt. Zum Zeitpunkt der Tat war Fritz Dorazil der einzige Mann im Haus – und nur ein Mann kann aufgrund weiterer Spuren diese Tat verübt haben.

Totenstill wird es im Gerichtssaal, die Stimme der Anklägerin wird noch leiser. »Ganz klar, die Familie des Angeklagten versucht ihn zu schützen, aber wir wissen«, betont die Staatsanwältin erneut, »wir wissen, wie sich dieses Verbrechen zugetragen hat. Als Dorazil mit Luca in den Keller ging, war das Kind wach. Als er nach 15 Minuten zurückkehrte und zu seiner Freundin und sagte: ›Mausi schau, das Kind ist so komisch‹, da war Luca bereits ohne Bewusstsein. Er sollte auch nie wieder aufwachen.« Die Anklägerin gönnt den Geschworenen nur eine kurze Pause, gleich fährt sie fort: »Wir haben es hier mit einem hochgradig gefährlichen Pädophilen zu tun«, prasseln ihre Worte scharf auf den Angeklagten nieder, »das ist kein herkömmlich aggressiver Täter, dieser Fritz Dorazil ist ein gefährlicher Triebtäter! Geistig abnorm und hochgradig abartig.« Und mit einem Blick zur Geschworenenbank: »Dieser Mann ist schuldig zu sprechen und in eine Anstalt für geistig abnorme Rechtsbrecher einzuweisen.«

Die Verteidigerin des Mannes sieht hingegen »keine Beweise«, die ihren Mandanten ernsthaft belasten würden, »alle möglichen anderen Männer könnten für diese Tat genauso in Frage kommen.« Man müsse außerdem den Grundsatz »In dubio pro reo« beachten, also im Zweifel für den Angeklagten.

Lebenslange Freiheitsstrafe

Dann aber erhebt sich langsam Fritz Dorazil. Er zupft seine Hose gerade und überprüft kurz den Sitz der Krawatte. Er will den Geschworenen noch sein eigenes Schlusswort mit in die Beratung geben. »Ich stehe heute vor Ihnen als Beschuldigter einer Tat, die ich nicht begangen habe«, appelliert er an die Laienrichter und wiederholt, er liebe Kinder »über alles. Verurteilen Sie mich nicht als Unschuldigen! Wenn Sie das tun, dann läuft der wahre Täter draußen noch frei herum. Deshalb bitte ich Sie aus ganzem Herzen, mich nicht schuldig zu sprechen. Dankeschön.«

Eine Bitte, die die Geschworenen nicht erfüllen: Einstimmig mit 8:0 Stimmen sprechen sie Fritz Dorazil wegen »schweren

sexuellen Missbrauchs von Unmündigen mit Todesfolge« schuldig. Die Strafe: lebenslange Freiheitsstrafe sowie Einweisung in eine Anstalt für geistig abnorme Rechtsbrecher.
Klare Worte von Richter Gernot Braitenberg begleiten den Mann in die Zelle: »Das ist eines der entsetzlichsten Verbrechen, das in unserem Sprengel je an einem Kleinkind begangen wurde. Die Qualen des kleinen Luca sind durch keine Strafe zu sühnen«, betont der Richter und noch etwas hält er ausdrücklich fest: »Die Strafe dient auch nicht der Buße, sondern der Sicherung des geistig abnormen Angeklagten.«
Fritz Dorazil meldet sofort Nichtigkeit und Berufung an. Vergeblich: Das Urteil wird in vollem Umfang von der nächsten Instanz bestätigt. Es bleibt demnach bei der lebenslangen Haftstrafe für den Täter.

Armbruch ignoriert

Mit dem Urteil ist der »Fall Luca« aber noch nicht abgeschlossen. Die Staatsanwaltschaft Innsbruck hat zwei Anklagen vorbereitet: Eine richtet sich gegen die Kindesmutter, die zweite gegen eine Sozialarbeiterin der Jugendwohlfahrt. Beiden Frauen wird vorgeworfen, dass sie ihre Verpflichtung zur Fürsorge des Kindes vernachlässigt hätten. Als Höchststrafe drohen drei Jahre Haft. Die Verfahren gegen Ärzte wurden eingestellt.
Die mittlerweile 24-jährige Mutter von Luca – sie hat noch ein weiteres Kind – weist in diesem Prozess vor einem Innsbrucker Einzelrichter jede Schuld von sich. »Ich liebe meine Kinder«, betont sie unter Tränen, »nie hätte ich ihnen etwas angetan!« Luca sei von Geburt an ein eher kränkliches Kind gewesen und deshalb waren häufige Besuche beim Arzt not-

wendig. Die Ereignisse und die Belastung des vergangenen Jahres wären jedoch zu groß gewesen, »ich kann dazu nichts mehr sagen, ich kann nicht mehr.« Das wenige, das sie sagen will: Nur einmal hätte sie gegen die Auflage der Behörde verstoßen und trotz Besuchsverbots wäre sie mit Luca zu ihrem Lebensgefährten nach Niederösterreich gefahren. »Ich hätte doch nie gedacht, dass er eine Gefahr für Luca war und dem Kind etwas antun könnte.«

»Nur ein paar Tage vorher haben Sie eine Schwellung am Arm des Kindes festgestellt. Stimmt das?«, fragt der Richter.

»Ja«, sagt die Mutter.

»Der Arm war gebrochen. Schaut denn so Ihre Fürsorge für ein kleines, wehrloses Kind aus?«, wundert sich der Richter. Bei welcher Gelegenheit sich Luca den Arm gebrochen hatte, konnte die Tirolerin nicht angeben. Es könnte sowohl ein Sturz aus dem Gitterbett gewesen sein, aber auch ein Sturz während der Zugsfahrt. »Ich kann mir das alles nicht erklären«, sagt sie monoton, »ich weiß nicht, woher die blauen Flecken stammen und ich weiß auch nicht, wo sich Luca diesen Armbruch zugezogen hat«, wischt sie ihre Tränen weg. Dann trifft sie im Gerichtssaal eher zufällig auf den Vater ihres ehemaligen Lebensgefährten: »Wann sagst du endlich die Wahrheit?«, faucht er die Beschuldigte an. Entsetzt vergräbt sie ihr Gesicht in den Händen.

Vorhergehende Doppelseite – Lucas Vater (2.v.r.) während der Mahnwache des L.U.C.A. Kinderschutzvereins am 25. September 2008, vor dem Landesgericht Korneuburg: »Schaut so die Fürsorge für ein wehrloses Kind aus?«

Wegsperren bis zum Tod

Schwer bewacht kommt der ehemalige Lebensgefährte in den Gerichtssaal, gleich sechs Justizwachebeamte sind an seiner Seite und beobachten jede seiner Bewegungen. Wie schon beim Prozess in Korneuburg, wird das ehemalige Paar auch jetzt nicht miteinander konfrontiert. Die Kindesmutter darf den Saal während der Zeugenaussage des Mannes verlassen. Sehr ruhig wirkt Fritz Dorazil, sehr kontrolliert, sehr beherrscht. Nach wie vor bestreitet er jeden Zusammenhang mit dem Sterben des kleinen Luca. Er kann sich den Armbruch des Kindes nicht erklären und auch nicht die blauen Flecken. »Serienrippenbrüche hat er auch gehabt? Davon weiß ich nichts.« Mehrmals hätte er zur Kindesmutter gesagt, sie solle mit Luca zum Arzt gehen.

»Hat sie das nicht getan?«, fragt der Richter nach.

»Sie hat nur gesagt, dass der Bub eine Blutgerinnungsstörung hätte und sich das ohnehin bald klären würde.« Und noch etwas ist Dorazil in Erinnerung geblieben: »Sie hat zu mir gesagt, wenn der Luca einmal weg ist, will sie sofort ein neues Baby haben.«

»Wie ist das zu verstehen, Herr Zeuge? Was soll das konkret heißen?«, will der Richter Näheres über diese kryptische Andeutung in Erfahrung bringen.

Doch Dorazil blockt ab, das wisse er nicht, die Kindesmutter hätte das nicht weiter erklärt.

Warum er in einer früheren Einvernahme einmal gesagt hätte, Luca wäre ihm aus den Händen gefallen?

»Ich wollte die Kindesmutter entlasten und in Schutz nehmen.« Erst in der Untersuchungshaft hätte er überhaupt erfahren, dass Luca auch sexuell missbraucht worden war.

»Wer so etwas macht, ist krank«, sagt Fritz Dorazil zum Richter, »ein solcher Mensch gehört bis zum Tag seines Todes weggesperrt.« Er redet so, als ob ein völlig Fremder wegen dieses Verbrechens zu lebenslanger Haft verurteilt worden wäre.
Mehrere Ärzte müssen in den Zeugenstand, darunter auch der Hausarzt. »Für mich war es offensichtlich, dass es sich bei der Armverletzung um eine Misshandlung gehandelt haben musste«, sagt der Mediziner, »die Bruchstelle war ungewöhnlich.« Wie die Kindesmutter darauf reagiert habe?
»Sie hat sich herausgeredet und geschworen, dass sie dem Buben nichts getan hätte«. Der Arzt verständigte daraufhin pflichtgemäß die Kinderschutzgruppe und überwies die Mutter und das Kind an die Innsbrucker Kinderklinik.
Ein anderer Arzt im Zeugenstand: »Die Mutter wollte keinen Kontrolltermin mehr haben, sie lehnte das strikt ab und hat erklärt, dass sie sich diese Auflagen nicht mehr länger bieten lasse.«

Lucas Tod war zu verhindern

Noch eine Beschuldigte ist vom Gericht zu befragen, neben der Kindesmutter muss auch eine frühere Sozialarbeiterin der Tiroler Jugendwohlfahrt auf der Anklagebank Platz nehmen. »Ich habe alles getan, was zu tun war«, betont die Frau, »ich würde heute wieder so handeln.« Selbstverständlich fühlt sie sich »nicht schuldig.« Sie sei jedoch »zutiefst betroffen« von dem, was geschehen ist, sie könne aber nicht »hellsehen«.
»Wie war das, nachdem der Verdacht auf Kindesmisshandlung aufgekommen war?«, erkundigt sich der Richter.
»Wir haben der Mutter untersagt, Luca zu ihrem Freund nach Niederösterreich mitzunehmen. Wir haben die Situation dort

nicht gekannt und wollten das Kind keinem Risiko aussetzen.« Von einer »konkreten Gefahr« durch diesen Mann war aber nicht die Rede, »das ist doch etwas anderes«, verweist sie auf eine größere Dimension. Das Umfeld in Tirol wäre durch die ärztlichen Besuche überschaubarer und geschützter gewesen. Auf etwas Wesentliches will die Beschuldigte noch hinweisen: »Für unsere Arbeit ist die ärztliche Einschätzung sehr wichtig. Es war im Fall Luca immer nur vom Verdacht einer Kindesmisshandlung die Rede, niemals von einem sexuellen Missbrauch. Davon habe ich überhaupt erst nach dem Tod von Luca erfahren.«

Die Kindesmutter wollte schließlich, dass das Besuchsverbot aufgehoben wird. Die zuständige niederösterreichische Bezirkshauptmannschaft sah »keine Gefährdung« im Milieu des Lebensgefährten und das Verbot, Luca dorthin mitzunehmen, wurde schließlich aufgehoben.

Ob man jemals daran dachte, die Mutter anzuzeigen?

»Nein, das wäre kontraproduktiv gewesen. Wir wollten mit ihr zusammenarbeiten, wir sind dazu da, Familien zu erhalten.«

Die Urteile: Beide Frauen werden wegen »Quälens oder Vernachlässigens Unmündiger« schuldig gesprochen. Die Kindesmutter bekommt ein Jahr unbedingte Freiheitsstrafe, die Sozialarbeiterin eine bedingte Geldstrafe von 1.200 Euro. (Bei Drucklegung des Buches waren diese Urteile noch nicht rechtskräftig).

Der Richter betont in seiner Begründung, dass »die Kindesmutter Luca ihrem Peiniger ausgeliefert hat. Sie hätte wissen müssen, dass ihr Freund für die Verletzungen verantwortlich war und trotzdem hat sie diesen Kontakt zugelassen. Und die Wahrheit schilderte die Frau immer so, wie es ihr gerade gepasst hat.«

Die Sozialarbeiterin hätte ab dem Zeitpunkt, als ein gebrochener Arm an Luca attestiert wurde, Maßnahmen zum Schutz des Kindes ergreifen müssen. »Zu diesem Zeitpunkt hätte man der Mutter das Kind abnehmen müssen«, betont der Richter, »ich bin überzeugt, dass die Verletzungen und in weiterer Folge der Tod von Luca hätten verhindert werden können«.

Post Scriptum

Aus der Sicht des Strafrechts hätte der Tod des kleinen Buben also verhindert werden können, hätte man die Verletzungen als Warnsignale rechtzeitig erkannt und die entsprechenden Maßnahmen gesetzt.
Was für ein Mensch aber ist dieser Fritz Dorazil? Inwieweit war seine pädophile und äußerst aggressive Veranlagung überhaupt im Ansatz erkennbar?
Mehrere Fachärzte haben den Mann untersucht und sind zu einem eher spärlichen und unbefriedigenden Ergebnis gekommen. Im psychologischen Testverfahren schätzt sich Dorazil selbst als ehrlich, hilfsbereit, liebevoll und romantisch ein. Angesichts der Art und Weise seines Verbrechens hat der Satz »Ich liebe Kinder über alles« die denkbar perverseste Dimension bekommen. Der Mann betont auch, er wäre in sexueller Hinsicht ein eher zärtlicher Typ und hätte keine homosexuelle Erfahrung.
Von ärztlicher Seite konnten keine Hinweise auf eine psychotische Störung festgestellt werden, allenfalls Merkmale einer zwanghaften Persönlichkeitsstörung.
Auffallend, so der Psychiater, war aber die Kühle und emotionale Gelassenheit des Mannes, das könnte auch auf schizoide Züge hindeuten. Aber kann das eine Erklärung für ein solch grässliches Verbrechen sein?
Bei dieser Frage gehen die Experten auf Distanz: »Der Täter – wer immer es war – muss eine schwere Sexualpathologie haben.« Das ist eine schwere Störung, die Voraussetzung für eine Einweisung in eine Anstalt für geistig abnorme Rechtsbrecher ist somit gegeben. Zusammen mit der lebenslangen Haftstrafe ist die Wahrscheinlichkeit, dass Fritz Dorazil vorzeitig in Freiheit kommen könnte, als sehr gering einzustufen.

Zum Vergewaltigen geboren

Ein Inzest-Fall erschüttert das Land: Ein Vater hält seine Tochter 24 Jahre in einem Kellerverlies gefangen und zeugt mit ihr sieben Kinder. Journalisten aus 30 Ländern sind dabei, als Josef F. im März 2009 vor seinen Richtern steht.

Zwischen den vielen Justizwachebeamten hätte man ihn beinahe übersehen: Klein wirkt Josef F., fast schmächtig, und nur das grelle der Licht der Scheinwerfer verrät seinen Weg in den Schwurgerichtssaal des St. Pöltener Landesgerichts. Irgendwie unsicher, wie blind, torkelt er zur Anklagebank, denn sehen kann er nicht, wohin ihn seine Schritte führen. Hinter einem blauen Aktenordner versteckt er sein Gesicht vor den Fotografen und nur ein schmaler Schlitz durchbricht die Wand zur Außenwelt. Schütter ist sein Haar geworden, die Implantate sind in der Haft ausgefallen und später, als er den Aktenordner beiseite gelegt hat, gibt er sein Gesicht preis und damit die markanten, buschigen Augenbrauen, den kühlen, berechnenden Blick. Unwillkürlich ertappt man sich dabei, diese Gesichtszüge Zentimeter für Zentimeter abzusuchen nach dem, was Josef F. so elementar von anderen unterscheidet. Und während man sucht, weiß man doch, dass man nichts finden wird. Der düstere Abgrund einer Seele steht in keinem Gesicht geschrieben.

Ob er sich schuldig fühle, will die Richterin wissen. Wenn ja, in welchen Punkten der Anklage: Blutschande? Ja. Nötigung? Ja. Sexualdelikte? Teilweise. Sklavenhandel? Nein. Und Mord? Nein. Heftig schüttelt der 73-jährige Angeklagte den Kopf. Am ersten Tag des Prozesses hat Josef F. das Zepter noch fest in seiner Hand. Noch führt er Regie wie gewohnt. Noch.

Inbegriff des Bösen

Das Haus in Amstetten. Am 9. April 1935 hat er hier in dieser Straße etwas außerhalb des Zentrums das Licht der Welt erblickt. Ehrfürchtig hat die Stadt vor ihrem Bürger Josef F. den Hut gezogen. Aus kleinsten Verhältnissen ist er gekommen und hat es zum angesehenen Generalvertreter eines dänischen Betonrohrbau-Unternehmens und zu größerem Immobilienbesitz gebracht. Tüchtig, wie man so sagt.

Nun ist sein Haus zum Inbegriff des Bösen geworden, stigmatisiert wie Hitlers Geburtshaus in Braunau. Ein hässlicher Würfel etwas abseits der Innenstadt, gesichtslos, zwei Stockwerke hoch, graugrün verwaschen die Fassade. Oben auf der Dachterrasse lugen ein paar Thujen über den Holzzaun, halb zerrissene Vorhänge hinter den Fenstern. Kein Straßenschild, keine Hausnummer. »Das Horrorhaus« haben es Medien genannt und Josef F., den Besitzer, »das Monster«. Im Keller des Hauses hat der Angeklagte eine »Schattenfamilie« gegründet, einen Hades ohne Tageslicht, ohne Sonne, ohne Blumen, ohne Wind und ohne Jahreszeit. Den Regen bekamen die Opfer mit, das Wasser ist dann von den Wänden geronnen. Am 29. August 1984 lockte F. seine 18-jährige Tochter unter einem Vorwand in die Garage, nahm ein Tuch, das er mit einem Betäubungsmittel getränkt hatte, und hielt ihr damit Mund und Nase zu. Dann schleppte er das Mädchen in einen fensterlosen Kellerraum und kettete es an einen eisernen Pfosten. Das Inventar: Bett, Waschbecken mit Kaltwasser, Toilette, Fernsehapparat, Kochplatte, Plastikbesteck. »Wie vom Erdboden ist sie verschluckt«, hat man damals in Amstetten gesagt, und keiner ahnte, wie entsetzlich wahr dieser Satz sein sollte. 24 Jahre später wird diese Frau mit drei ihrer Kinder von der Unterwelt ans Tageslicht geholt. Exakt 8.516 Tage und Nächte später. »Warum gerade dieses Mädchen?«, will Richterin Andrea Humer von Josef F. wissen.

»Sie war mir am ähnlichsten«, sagt er, »genauso stark und stur wie ich.« Jemanden zu besiegen, der schwächer ist als er, hätte ihn nicht interessiert.

24 Jahre im Keller. Beinahe ein Vierteljahrhundert drehte sich die Welt heraußen weiter, während dieses Geschöpf im Verlies sieben Kindern das Leben schenkte. Eines davon, ein schwer kranker Bub, starb. Er durfte nur 66 Stunden im Arm seiner Mutter bleiben, 66 Stunden, in denen der Vater hätte Hilfe holen müssen.

»Warum haben Sie keine Hilfe geholt?«

»Ich hab' gedacht, er schafft es«, sagt er, »die anderen Kinder haben es schließlich auch geschafft.« Damals, beim Sterben des Säuglings – ein langsames Ersticken, jeder Arzt hätte helfen können – hat Josef F. beiläufig gemeint: »Wie's kommt, so kommt's.« Die Leiche verbrannte er, Spuren durfte es keine geben. »Mord durch Unterlassung« heißt der Anklagepunkt und nur dieses Faktum macht es möglich, dass Josef F. überhaupt zu einer lebenslangen Freiheitsstrafe verurteilt werden kann. »Herr Angeklagter«, wendet sich Staatsanwältin Christiane Burkheiser an Josef F., »Sie haben im Keller Ihr eigenes Fleisch und Blut sterben lassen!« Für die anderen Anklagepunkte könnte das Gericht lediglich eine Höchststrafe von 15 Jahren Haft verhängen.

Die Tochter als Eigentum

In den ersten neun Jahren musste seine Tochter mit drei Kindern auf elf Quadratmetern leben, erst nach dem vierten Kind vergrößerte F. das Verlies.

»Im allerersten Jahr«, so berichtet die Staatsanwältin, »hat er mit seinem Opfer kein einziges Wort gesprochen. Er kam, wann immer er wollte, drehte das Licht auf, vergewaltigte sein Opfer, drehte das Licht ab und verschwand. Sie wusste nicht, ob und wann er wiederkehren würde und diese Ungewissheit

war furchtbar. Nicht wissen, was passieren würde, nicht wissen, was mit den Kindern geschieht. Das bricht einen Menschen.« Licht an. Vergewaltigung. Licht aus. Immer und immer wieder. Einmal ließ er seine schwangere Tochter mit drei Kindern zehn Tage lang allein. »Zur Strafe« schaltete er den Strom ab. Das hieß totale Finsternis, im kleinen Kühlschrank verdarb das wenige Essen, kein Zeitgefühl, ob es Tag ist oder Nacht, nur kriechen auf allen Vieren und nicht wissen, ob der Vater jemals wiederkommen wird.
Wie kann man seinen Kindern dieses Dasein, dieses Vegetieren überhaupt erklären? »Man kann sich das in Wirklichkeit nicht vorstellen«, betont die Anklägerin, »nicht einmal annähernd.« Sie selbst war während der Ermittlungen zweimal in F.s Kerker: »Man kann nur auf den Knien durch eine Schleuse kriechen. So niedrig ist das, an ein aufrechtes Stehen war in dem Verlies nicht zu denken«, versucht sie den Geschworenen ein Bild des Raumes zu vermitteln.
Josef F. hat über seine Tochter verfügt wie über sein Eigentum, er »gebrauchte« sie wie seinen Besitz, den er benutzen konnte, wann immer es ihm beliebte. »Er brachte diese Frau in seine völlige Abhängigkeit«, erläutert die Anklägerin, »›wenn du das nicht tust, dann wird es noch viel schlimmer und du kannst sowieso nicht aus‹. Dieser Satz wird zum Alltag für sein Opfer«.
Im Sommer 1986 wurde F.s Tochter zum ersten Mal schwanger. Erst nach langem Bitten brachte er ihr ein Buch über den Geburtsvorgang. Auch eine Schere bekam sie zum Abnabeln des Kindes und eine Decke zum Einwickeln. 1992, 1994, 1996 und 2002 erblickten die weiteren Babys das Licht in dieser düsteren Welt. Drei der »Kellerkinder« brachte Josef F. hinauf zu seiner offiziellen Familie, zu seiner Ehefrau und

weiteren sieben Kindern. Er gaukelte der Familie vor, seine abgängige Tochter wäre im Schoß einer Sekte gelandet und bringe ihre Kinder den Großeltern.

»Einmal«, berichtet die Anklägerin, »hat er seine Ehefrau angerufen und sich mit verstellter Stimme als seine Tochter ausgegeben. Dann kündigte er an, dass demnächst ein Kind vor der Haustür liegen würde und sie sich darum kümmern soll.«

Risse in der Fassade

Ohne sichtbare Regung hört sich Josef F. den Vortrag der Anklägerin an. Aufrecht sitzt er da, blickt zum Gericht, schüttelt weder den Kopf, noch nickt er zustimmend. Eine Geschichte eben, die die Staatsanwältin erzählt. Dass er der Drahtzieher der Verbrechen, die Wurzel allen Übels sein soll, das kann er gut verbergen. Mord? Nein, niemals. Das ist seine Strategie, nur auf diese Weise könnte er vielleicht, das ist seine Sicht, einer lebenslangen Haftstrafe entkommen.

Der zweite Prozesstag. Die Öffentlichkeit ist ausgeschlossen, denn die Tochter Josef F.s ist am Wort. Elf Stunden lang hat ein Richter im Vorverfahren die Frau befragt und ihre Aussagen, ihre erschütternden Erinnerungen, auf einem Videofilm dokumentiert. Der Film wird nun im Gerichtssaal gezeigt, die Geschworenen sollen sich selbst ein Bild über das Opfer und dessen Glaubwürdigkeit machen. Aber nicht nur der Schwurgerichtshof sieht und hört, was die Tochter zu sagen hat, auch Josef F. wird zum ersten Mal in seinem Leben mit den Qualen seiner Tochter konfrontiert. Den Keller konnte er stets verlassen, wenn sie um Gnade flehte für sich und ihre Kinder. Von der Anklagebank kann er nicht fliehen und sich dem Leid und den Leiden seiner Tochter nicht entziehen.

»Das hat ihn sehr erschüttert«, berichtet sein Verteidiger Rudolf Mayer später. Erstmals hat er seine Taten aus der Perspektive des Opfers gehört, vielleicht hat dadurch seine Fassade tiefe Risse bekommen.

Ein Ereignis scheint diesen Mann doch in seinem Innersten zu berühren: In der allerletzten Stunde des langen Verhandlungstags, als der Film schon fast zu Ende war, dreht sich Josef F. unwillkürlich um und schaut in den fast leeren Zuschauerraum. Er erstarrt: Seine Tochter sitzt im Gerichtssaal. Was muss in diesen Augenblicken wohl in der Frau vorgegangen sein? 24 Jahre ihres Lebens musste sie durch die Hölle gehen – doch gebrochen hat er sie nicht. Sie wollte ihren Vater im Gerichtssaal sehen und damit vermutlich signalisieren: Ich habe es überlebt. »Sie war mir am ähnlichsten«, hat Josef F. über seine Tochter gesagt, »genauso stark und stur wie ich.« Doch jetzt hat er alle Macht und Kontrolle über sie verloren und diese Situation wollte sie erleben. Das alles sind aber nur Vermutungen, das Opfer hat bis jetzt nie öffentlich über sein Leben gesprochen.

Nur 66 Stunden gelebt

Der dritte Prozesstag beginnt mit einer Routinefrage der Richterin: »Herr Angeklagter, wollen Sie uns zu den Aussagen Ihrer Tochter noch etwas sagen?«

»Ja«, antwortet Josef F. überraschend und steht auf: »Ich bekenne mich schuldig im Sinne der Anklage.«

»In allen Punkten?«, staunt die Richterin.

»Ja, in allen Punkten.«

Ein Raunen geht durch den Gerichtssaal.

»Auch wegen Mordes?«

»Ja«, sagt er mit brüchiger Stimme, aber doch deutlich genug, »auch wegen Mordes«.

Fahl wirkt Josef F. und sichtlich angeschlagen. Am Vorabend hat er noch ein Gespräch mit dem Anstaltspsychiater geführt, die Konfrontation mit seiner Tochter hat sichtbare Spuren hinterlassen.

»Warum legen Sie jetzt ein Geständnis ab?«, will die Richterin wissen.

»Das waren die gestrigen Aussagen … mein krankhaftes Verhalten, Macht und Gewalt auszuüben.«

»Kommen wir auf den Mord durch Unterlassung zu sprechen«, vertieft die Richterin das Geständnis, »Ihr Kind hat 66 Stunden gelebt und Sie waren dabei, stimmt das?«

»Ja.«

»Das Baby hat schwer geatmet, wissen Sie das noch?«

Er zögert und weicht aus. »Ich bekenne mich schuldig.«

»Warum haben Sie keine Hilfe geholt?«

»Ich habe gehofft, der Bub steht das durch … ich habe leider versagt, ich hätte etwas tun müssen.«

Penibel und Wort für Wort wird das Geständnis protokolliert. Der Verteidiger will von der Kehrtwendung seines Mandanten keine Ahnung gehabt haben, »mit mir war das nicht abgesprochen.« Josef. F. hat das Zepter abgegeben, er hat resigniert und nimmt jetzt eine lebenslange Freiheitsstrafe offenbar in Kauf.

Emotionaler Analphabet

Wie aber kann ein Josef F. entstehen? Was muss im Leben eines Menschen geschehen, damit man einem anderen derart Böses antun kann? Eine britische Zeitung hat geschrieben: »Josef F.

hat seine Tochter nicht getötet, aber er nahm ihr das Leben, während sie am Leben blieb und Zeugin ihrer eigenen Auslöschung wurde. Ist ein solcher Abgrund nicht niederträchtiger als Mord? Gibt es auf solche Fragen überhaupt schlüssige Antworten?«

»Mein Mandant hat sich nicht ausgesucht, dass er so geworden ist«, lässt sein Verteidiger einmal aufhorchen und Josef F. selbst hat einmal gesagt, »ich bin zum Vergewaltigen geboren«. Wo aber liegt die Grenze zwischen Normalem und Abnormalem? Zwischen einer schweren Persönlichkeitsstörung und einer Geisteskrankheit, die – rechtlich gesehen – eine Schuld ausschließen würde? Die Linzer Psychiaterin Adelheid Kastner hat im Auftrag des Gerichts mit Josef F. sechs Gespräche geführt und auf 130 Seiten ein ausführliches Gutachten erstellt. Vorweg: Eine Geisteskrankheit ist definitiv auszuschließen.

»Es gibt den Satz: Wer so etwas tut, muss krank sein«, erläutert die Ärztin im Gerichtssaal, »aber dieser Satz stimmt nicht. Josef F. hat zielgerichtet und geplant gehandelt. Wer so etwas tut, muss schwer gestört sein. Dieser Satz ist richtig. Er weiß, man darf das nicht tun, und er tut es trotzdem«.

In die frühen Kindheitsjahre hat die Expertin geblickt und Fatales gefunden. Vom Versuch einer »Erklärung« spricht sie, nicht von einer »Entschuldigung«. F. ist in einem hochproblematischen Umfeld aufgewachsen. »Ich war ein Alibikind«, hat er einmal zur Richterin gesagt und damit Folgendes gemeint: Die Ehe seiner Mutter blieb kinderlos, der Mann ließ

Vorhergehende Doppelseite – Josef F. vor der Urteilsverkündung am vierten Prozess-Tag, dem 19. März 2009, im Landesgericht St. Pölten: »Damit sie immer bei mir bleibt«

sich scheiden und gab der Frau die Schuld an diesem »Manko«. Darauf ließ sich diese Frau von einem x-beliebigen Mann schwängern – nur um ihrem Ex-Mann zu beweisen, dass die Kinderlosigkeit nicht an ihr gelegen ist. »Damit war aber auch schon die Funktion dieses Kindes erschöpft«, berichtet Kastner, »das Beweiskind war geboren und wurde für die Mutter nur noch zur Belastung, zur Plage, zur Kalamität.« Das Kind hat keinerlei Zuwendung erfahren, keine Nähe, keine Zärtlichkeit und Sicherheit. »Es litt unter den Schlägen, den unberechenbaren Aggressionsausbrüchen seiner Mutter, es litt unter der unglaublichen Ignoranz kindlicher Bedürfnisse.« Ein Urvertrauen konnte sich niemals entwickeln, Josef F. hatte Angst vor seiner Mutter und Angst um seine Mutter. Es war auch keine andere Bezugsperson in seiner Nähe. Wenn seine Mutter weg war – und das war häufig der Fall – war er oft tagelang allein. »Die Fähigkeit zu lieben entwickelt sich nur, wenn man diese Gefühle auch erfährt. Sonst wird man zum emotionalen Analphabeten.« Wie gesagt: der Versuch einer Erklärung, keine Entschuldigung.

Sehr ruhig hört sich der Angeklagte die Analyse seines Seelenzustands an. Er will sich auch den besten Experten des Landes für weitere Untersuchungen zur Verfügung stellen. »Intellektuell«, so Kastner, »war Josef F. gut ausgestattet. Er hat Bücher verschlungen und dann in dieser Welt gelebt«. Er verdrängt Unerträgliches und biegt sich einen erträglichen Zustand zurecht. Er sieht die Welt nach seinen Wunschvorstellungen, alles andere vergräbt er in einer Art Keller. Seine intellektuellen Fähigkeiten waren die einzige Möglichkeit, seinem ausweglos erscheinenden Elend zu entkommen.

Der schulische Erfolg stärkte sein Selbstvertrauen und mit zwölf, dreizehn Jahren begann er sich gegen die Schläge der

Mutter zu wehren. »In dieser Zeit ist auch sein Machtbedürfnis gewachsen und der Wunsch, einen Menschen ganz für sich allein zu haben, wo man keine Angst mehr haben muss, ihn zu verlieren.« Kastner zieht den Vergleich mit einem Vulkan: »Auf der Oberfläche funktioniert alles wie geschmiert, er stellt sich dar als ein erfolgreicher Geschäftsmann mit einer großen Familie. Doch ganz tief unten brodelt es wie eine kaum einbremsbare Flut an destruktiver Lava.«

Nach wie vor eine Gefahr

Das Verhalten von Josef F. war auf Macht, Kontrolle und Dominanz ausgerichtet, nicht auf vernichten oder töten. Unangenehme Erlebnisse hätte er aus seinem Leben einfach ausgeblendet: »Sobald er aus dem Keller herausgegangen ist und die Türe schloss, war es weg. Er hat oben sein Leben mit seiner Familie unbelastet vom Leben im Keller geführt.«
Das Leben im Keller: Eine unzerstörbare, unauflösbare Bindung. Ein Mensch war dort, nur für ihn allein. Und warum die vielen Kinder?
»Die habe ich deshalb gemacht, damit sie immer bei mir bleibt. Als sechsfache Mutter ist sie für andere Männer nicht mehr attraktiv«, hat Josef F. diese Frage beantwortet.
Ihm war stets klar, dass er schuldhaft handelt. »Er ist schuldig für das, was er getan hat«, lässt die Ärztin keinen Zweifel aufkommen. Sein Grundbedürfnis nach Macht und Kontrolle bestehe weiterhin, »ob man das sexuell ausübt oder woanders, ist sekundär. Die Gefährlichkeit dieses Menschen ist nach wie vor gegeben.« Die Gutachterin empfiehlt, Josef F. in eine Anstalt für geistig abnorme Rechtsbrecher einzuweisen.
Der letzte Akt, Josef F.s Schlusswort. Was will er den

Geschworenen mit auf den Weg in ihre Beratung geben? Will er nach der klaren Expertise der Gutachterin überhaupt noch etwas sagen? Doch, ja.

»Ich bereue aus ganzem Herzen, was ich meiner Familie angetan habe«, hört man seine heisere Stimme. »Ich kann es leider nicht mehr gutmachen. Ich kann nur schauen, den Schaden nach Möglichkeit zu begrenzen.« Ein kaum sichtbares Nicken, er geht zurück zur Anklagebank. Keine Spur mehr von einem Taktieren, von einem Kampf um eine vielleicht andere Strafe als lebenslang.

Nur drei Stunden später und das Urteil steht fest: Die Geschworenen sprechen Josef F. einstimmig schuldig in allen Punkten der Anklage. Also Mord durch Unterlassung, Vergewaltigung, Blutschande und Nötigung.

Richterin Andrea Humer verkündet das Strafausmaß: Lebenslange Haft und Einweisung in eine Anstalt für geistig abnorme Rechtsbrecher. »Derartige Straftaten können aus generalpräventiven Gründen nur ganz streng bestraft werden«, sagt die Richterin und fragt, ob er das Urteil und dessen Konsequenzen verstanden habe.

Still, völlig still ist es im Gerichtssaal, nur das Kratzen der vielen Kugelschreiber auf den Papierblöcken der Journalisten ist zu hören. Was wird er sagen? Wie reagiert er? Nur ein flüchtiger Blick zu seinem Verteidiger: »Ich habe alles verstanden und nehme das Urteil an.« Somit ist das Urteil rechtskräftig, Josef F. wird sofort abgeführt. Die Freiheit wird er nie wieder erleben.

Seine Familie versucht mit teilweise geänderter Identität irgendwo in Österreich ein neues Leben aufzubauen.

Post Scriptum

Am 3. Juni 2009 wurde Josef F. von St. Pölten in die Justizanstalt Stein (bei Krems an der Donau) verlegt. In der größten Strafvollzugsanstalt Österreichs wird der 74-Jährige seine lebenslange Haft verbüßen müssen. Ausschlaggebend für die Wahl dieses Gefängnisses waren einerseits sicherheitstechnische Überlegungen und andererseits Josef F.s Alter, denn in Stein gibt es eine eigene Krankenabteilung. Josef F. wird in der so genannten Maßnahmeabteilung auf eigenen Wunsch in einer Einzelzelle untergebracht. Auch das ist eine Vorsichtsmaßnahme: Es ist kein Geheimnis, dass Sittlichkeitsverbrecher in der Gefängnishierarchie an der untersten Sprosse angesiedelt sind und daher immer wieder mit Attacken von Mitgefangenen rechnen müssen.
In der ständig überfüllten Sonderabteilung von Stein verbüßen rund 100 Häftlinge ihre Strafe. Die Männer gelten aufgrund psychiatrischer Gutachten zwar als zurechnungsfähig, jedoch als geistig abnorme Rechtsbrecher, die auch in Zukunft eine Gefahr für die Gesellschaft darstellen. Eine zeitliche Begrenzung ist für eine solche Unterbringung nicht vorgesehen, die Häftlinge werden nach Verbüßung ihrer Haftstrafe auch nicht automatisch entlassen. Üblicherweise wird einmal jährlich überprüft, ob die medizinischen und psychologischen Therapien erfolgreich waren oder nicht. Der Behandlungsplan wird von der Anstalt festgelegt. Sollte Josef F. je als geheilt beurteilt werden, müsste er seine lebenslange Haftstrafe in einer normalen Strafanstalt fortsetzen. Theoretisch könnte er nach 15 Jahren Haft erstmals um eine bedingte Entlassung ansuchen – er wäre dann 89 Jahre alt. Justizexperten halten die Möglichkeit, dass Josef F. je wieder in Freiheit kommt, für nahezu ausgeschlossen.